Das Buddenbrookhaus in Lübeck

Jnstallations-Burea
-WILH. HAAKE.-
EINFAH
23.

Das Buddenbrookhaus in Lübeck

Geschichte, Bewohner, Bedeutung

Björn R. Kommer

Charles Coleman Verlag

Abbildungen auf dem Einband

Vorne:
Das wiederaufgebaute Buddenbrookhaus.
Zustand 1983.
Foto: Hermann Jäger
Thomas Mann, 1926 aufgenommen im Hause Ida Boy-Ed

Hinten:
Mengstraße 4. Foto zwischen 1893 und 1896
Mengstraße 4. Foto zwischen 1930 und 1942
Foto: Apel

Abb. 1 (gegenüber der Titelseite):
Das Buddenbrookhaus, vom Marienkirchhof aus gesehen. Die stimmungsvolle Aufnahme läßt besonders schön das geschweifte Mansarddach erkennen. – Foto zwischen 1903/06.

Lektorat: Hans Meyer

Printed in Germany 1993.
Gesamtherstellung: LN-Druck, Lübeck
ISBN 3-87128-036-4

Inhalt

Wulf Schadendorf (1926–1985) zum Gedächtnis

Dank

Herzlichen Dank möchte ich all denjenigen sagen, die das Zustandekommen dieses Buches tatkräftig gefördert haben. An erster Stelle gilt dies für den Verleger Charles Coleman († 31. Dezember 1991). Sein zu einem dringlichen Anliegen gewordener Wunsch war es, die längst vergriffene Broschüre von 1983 neu zu bearbeiten und sie einem größeren Publikum zur Verfügung zu stellen. Frau Marlene und Frau Gabriele Coleman nahmen den Wunsch auf und verwirklichten ihn. Der Familie und dem Charles Coleman Verlag bin ich daher zu besonderem Dank verpflichtet.
Archiv und Museum für Kunst und Kulturgeschichte der Hansestadt Lübeck gewährten mir ihre freundschaftliche Hilfe. Da das 1983 gesammelte Bildmaterial vollständig in öffentlichen Besitz überging, danke ich beiden Institutionen sehr herzlich für ihre Bereitschaft, Akten und Fotos erneut zur Verfügung zu stellen.
Schon bei dem ersten Buch war der S. Fischer-Verlag in Frankfurt/Main so entgegenkommend, den Abdruck aller das Buddenbrookhaus betreffenden Texte Thomas Manns zu gestatten. Für die erneute Genehmigung danke ich.
Großzügige Förderung des Werks von Thomas Mann, unermüdliches Sammeln von Erinnerungsstücken aus der Familie Mann und ihrem Umkreis, das sah Frau Lisa Dräger stets als eine ihrer wichtigen, persönlichen Aufgaben an. Immer sich in den Dienst der Sache stellend, verweigerte sie nie ihre Unterstützung. Hier bin ich großen Dank schuldig.

Augsburg, im Januar 1993

Björn R. Kommer

Einführung

In einem Brief an Ferdinand Lion (27. Dezember 1950) äußert sich Thomas Mann zu den *Buddenbrooks: Wenn Goethe recht hat, zu sagen, daß der der Glücklichste ist, dem es gelingt, das Ende seines Lebens an den Anfang zu knüpfen, so bin ich ‚glücklich'; denn der Faustus schließt sich wirklich mit den jugendlichen ‚Buddenbrooks', rück- und rundläufig, zu einem Ring zusammen und sucht instinktiv, die Einheit, Geschlossenheit, Festigkeit des Lebenswerks zu sichern. Umsonst, wie ich oft glaube. Denn wahrscheinlich sind und bleiben die Buddenbrooks ‚mein' Buch, das mir aufgetragene und künstlerisch einzig wirklich glückliche, das immer gelesen werden wird; und wenn ich fürs Weitere irgenwelche Anerkennung verlange, so nur die, daß ich ein langes Leben, dessen Sendung eigentlich mit 25 Jahren erfüllt war, leidlich würdig und unterhaltend auszufüllen gewußt habe.*

Thomas Mann war nicht immer so ausschließlich dieser Ansicht, verständlicherweise, denn er, dem ein langes Leben gegönnt war, durchlief verschiedene Phasen, in denen Auffassungen und Stimmungen wechselten, obgleich er von der Bedeutung dieses Werkes immer überzeugt war und schon am Anfang das Ziel bekannte: *Auf Größe war nämlich während der Arbeit* (= an den Buddenbrooks) *fortwährend mein heimlicher und schmerzlicher Ehrgeiz gerichtet* (25./27. März 1901 an den Bruder Heinrich).

Die Äußerung Thomas Manns am Ende seines Lebens war wohl von dem sichtbar andauernden Erfolg des Romans beeinflußt, der ja weiterhin anhält, obwohl *Buddenbrooks*, von ihrem Erscheinungsdatum an gerechnet, nur ein Jahr jünger als das Jahrhundert sind! In der Tat ist das erstaunlich.

Buddenbrooks begegneten aber nicht nur Anerkennung, sondern auch viel Kritik. Sie hatte nicht zuletzt die Arbeitsweise des Schriftstellers im Visier, die, anscheinend Mangel an Phantasie offenbarend, ziemlich unverhüllt, immer wieder der Wirklichkeit entnommene Fakten aufnahm, ja, sogar noch lebende Personen erkennbar abkonterfeite und nicht einmal vor dem eigenen Familienkreis Halt machte. Wo blieb da die Dichtung? Früh schon gab es daher für Thomas Mann Grund, sich zu verteidigen, gerade auch in seiner Vaterstadt Lübeck, wo Schlüssel zu den Vorbildern seiner Buddenbrook-Gestalten in den einschlägigen Kreisen umliefen und noch 1913 der eigene Onkel, Friedrich Mann, Modell des Christian Buddenbrook, eine große Anzeige in die Zeitung setzte mit dem immer wieder zitierten Schlußsatz vom traurigen Vogel, der sein eigenes Nest beschmutzt.

Ein Beleidigungsprozeß des Jahres 1905 in Lübeck, bei dem es auch um die Problematik des Schlüssel- und Kolportage-Romans ging, veranlaßte Thomas Mann, ein klärendes Wort zu sprechen. In *Bilse und ich* (1906) lieferte er eine Selbstrechtfertigung und erläuterte seine Arbeitsweise an den Beispielen literarischer Autoritäten: Wie Turgenjew bedurfte er *stets eines bestimmten Bodens,* auf dem er sich *frei und sicher bewegen konnte,* und wie Shakespeare fand er viel lieber, *als daß er erfand.* Gerade der Dichter stützte sich, *statt frei zu ‚erfinden', auf irgend etwas Gegebenes, am liebsten auf die Wirklichkeit.* Kein Zweifel, daß für Thomas Mann der bestimmte Boden in weiten Strecken Lübeck war, jedenfalls in bezug auf *Buddenbrooks*, und damit die Eigentümlichkeiten, die Menschen der Hansestadt, ja, die eigene Familie samt ihrem eingesessenen Anhang.

Gerade die Wirklichkeit war es also, die den besten Stoff bereithielt, sofern man diesen Schatz zu heben und mit ihm richtig zu wuchern verstand. Andererseits folgt aus einer solchen Methode die Berechtigung, wenn nicht gar der Ansporn, nach den Inspirationsquellen zu suchen und das Verhältnis von Wirklichkeit und Dichtung bei Thomas Mann zu erhellen. Schaden oder Verkürzung erleidet sein Dichtertum dadurch nicht, ganz im Gegenteil! Vielmehr bestätigt sich die Wahrheit seines Diktums, auf ihn selbst bezogen, Überlegenheit und Größe seiner Dichtkunst treten noch klarer hervor.

Ohne Zweifel spielt das Haus der Buddenbrooks im Buddenbrook-Roman eine herausragende Rolle. Es ist die Bühne und der würdige Rahmen für einen Großteil der entscheidenden Ereignisse, die das Schicksal der Buddenbrooks bestimmen. Es ist aber auch unveränderliches, sozusagen unbeteiligtes, für sich selbst existierendes Symbol bürgerlicher Tradition und Legitimität, erworben durch positive bür-

Abb. 2: Ansicht Lübecks von Osten. Im Vordergrund die seeartig aufgestaute Wakenitz. Von links nach rechts die Türme des Doms (2), von St. Aegidien, St. Petri, St. Marien (2), St. Jakobi. Zwischen den beiden letzteren erkennt man das hochaufragende Schiff der ehemaligen Klosterkirche St. Katharinen mit ihrem Dachreiter.
Joseph Wilhelm Pero (1808–1862), Lithografie um 1860.

gerliche Tüchtigkeit: Als Lohn für ihre erfolgreiche Arbeit konnten einst, *1682*, Ratenkamps das prächtige Haus erbauen. Das beklagenswerte *Sinken der Firma in den letzten zwanzig Jahren* bewirkte dann, daß die *ehemals so glänzende Familie verarmt, heruntergekommen davongezogen war* . . . (Buddenbrooks Teil I, Kapitel 4) und Buddenbrooks einzogen. Aber auch diese Familie würde einst das Haus verlassen, scheinbar aufgrund eines Aufstiegs, der im Bau eines neuen Hauses gipfelte und dennoch am Ende zur Liquidierung der Firma und gar zum Tod des letzten Erbens führte, der nicht einmal mehr Erbe von altem Schrot und Korn war. Das Haus aber, mit seinem Spruch *Dominus providebit*, würde, für sich unbeteiligt an allem, bleiben und genauso wie früher den neuen Bewohnern dienen. Hagenströms, wie ja auch einst Buddenbrooks, würden nichts am Hause ändern, was seine Symbolwirkung beeinträchtigen könnte . . .

Die Faszination, die von dem Roman Thomas Manns bleibend ausging, und das bis dahin ungelüftete Geheimnis um die historische Wirklichkeit des Hauses Mengstraße 4, von dem ja nach dem 2. Weltkrieg nur die Fassade blieb, ließen den Plan entstehen, einmal gründlich nachzuforschen. Als Ergebnis kam es 1983 zu der vielbeachteten und erfolgreichen Ausstellung *Das Buddenbrookhaus. Wirklichkeit und Dichtung* im Lübecker Museum für Kunst und Kulturgeschichte.

Zum ersten Mal überhaupt, dazu so umfassend, wurden die Materialien gesammelt, gesichtet und aufbereitet. Obwohl Manns längst davongezogen waren, auch keine Dokumente zum Haus mehr besaßen, überdies der Krieg so viel vernichtet hatte, trat, bei zähen, unergiebigen Anfängen, überraschend viel zutage. Am Ende konnte das Haus bis in Details rekonstruiert werden, zwar nicht als real wieder errichtetes Gebäude, aber als großes Modell.

Das Buddenbrookhaus, vielmehr der Neubau nach 1945, beherbergte damals noch eine Bank. Für eine Dokumentation der Geschichte dieses Bürgerhauses stand es nicht zur Verfügung, auch nicht für eine Heinrich und Thomas Mann-Gedenkstätte. Eine solche aber befand sich in dem 1981 eröffneten *Drägerhaus*, einer großzügigen Stiftung des Industriellenehepaars Dr. Heinrich und Lisa Dräger für diesen Zweck, eingebettet in die reichen, seitdem immer wieder ergänzten Sammlungen zum Lübecker 19. Jahrhundert.

Eine Ausstellung, 1975 anläßlich des 100. Geburtstages von Thomas Mann gezeigt, *Lübeck zur Zeit der Buddenbrooks*, hatte, wieder zum ersten Mal, den Grundstock jener Materialien einer breiten Öffentlichkeit vorgestellt und war so zum Auslöser für die genannte Stiftung *Drägerhaus* und das neue Museum für Kunst und Kulturgeschichte Lübecks im 19. Jahrhundert geworden. In den folgenden Jahren oblag die Pflege des Andenkens an die beiden Dichter dem

Lübecker Museum. Es kam dieser Pflicht nach, zum Beispiel mit Ausstellungen wie jener über das Buddenbrookhaus.

Die Ausstellung von 1983 wurde von einer Broschüre mit gleichem Titel begleitet. In ihr wurden alle Forschungsergebnisse zusammengefaßt, ausführlich und genau nachgewiesen und auch die wesentlichen Bilddokumente abgedruckt. Gegenüber der jetzigen Publikation lautete die Zielsetzung etwas anders:

Es sollte die einstige Wirklichkeit ohne Berücksichtigung der Texte Manns in Erfahrung gebracht werden, um darauf zu sehen, wie sich diese Wirklichkeit in den Beschreibungen Thomas Manns spiegelte oder brach. Wie schon gesagt, konnte eine sehr exakte und anschauliche Rekonstruktion des einst Vorhandenen erreicht werden. Der Vergleich mit den Aussagen der Mannschen Texte zeigte dann, daß letztere in der Tat Beschreibungen der vergangenen Wirklichkeit waren, wenn auch mit Unterschieden in Gehalt und Genauigkeit.

Dieses Buch über das Buddenbrookhaus greift auf die Ergebnisse der Ausstellungsbroschüre zurück und ergänzt sie durch zwischenzeitlich neu gewonnene Erkenntnisse und Funde. Die Mannschen Beschreibungen können daher – die früher notwendigen Vorbehalte sind ja geklärt – von vornherein miteinbezogen werden.

Um den Umfang nicht unnötig aufzublähen, wurde auf einen detaillierten Quellennachweis verzichtet. Da dies die Publikation von 1983 ausführlich leistet, bestand dazu keine unbedingte Notwendigkeit. Neues wird dagegen in geeigneter Form nachgewiesen, so daß beide Publikationen sich einander ergänzen.

Das vorliegende Buch ist keine Wiederholung desjenigen von 1983. Mit Ausnahme des letzten Kapitels, das aber an einer Stelle zu ergänzen war, wurden alle Texte vollständig überarbeitet und in erheblichem Umfang neu geschrieben. Hinzugetreten ist außerdem das Kapitel *Lübeck damals . . . Als Heinrich und Thomas Mann noch Knaben waren.* Um eine bessere Lesbarkeit zu erreichen, wurden auch Umgruppierungen vorgenommen, zusätzliche Erläuterungen, die den kulturgeschichtlichen Zusammenhang im größeren Rahmen herstellen, eingefügt, anderes wiederum gekürzt. In gewisser Weise liefert so die Geschichte des Hauses Mengstraße 4 auch den Modellfall eines Lübecker Kaufmannshauses im 18. und 19. Jahrhundert.

Lübeck damals . . .
Als Heinrich und Thomas Mann noch Knaben waren

Wie war das in Lübeck, in der Kindheit der beiden Dichter Heinrich und Thomas Mann? Wie lebte man damals in der alten Stadtrepublik, deren besonderer Charakter das Werk der beiden Brüder, vor allem aber des jüngeren, in so wichtiger Weise mitprägte?
Um eine Teilantwort zur Lebensform und Lebensweise der sogenannten besseren Lübecker Kreise, zu denen die Manns zählten, zu finden, begeben wir uns am besten in die Königstraße. Dort, in ihrem Teil nördlich der Katharinenkirche, treffen wir noch heute auf eine eindrucksvolle Reihe stattlicher Bürgerhäuser, die ziemlich unverändert die Zeiten überdauert haben: Meist sind es verputzte und bemalte Fassaden, nicht solche aus Backstein, wie man vielleicht erwarten würde. Hin und wieder ist bei ihnen der Versuch zur Ausdehnung in die Breite spürbar. Dem äußeren Erscheinungsbild nach handelt es sich um Gebäude des 18. bis zur Mitte des 19. Jahrhunderts. Eben diese ganze Straßenzeile gehörte bis um 1900 zu den vornehmsten Wohnbereichen der Stadt. Nicht umsonst ließ man schon 1857 den Straßenzug, den man als besonders attraktiv und modern empfand, auf einer kolorierten Lithographie von Wilhelm Stoeltzner (Abb. I) abbilden!
In jenem Teil der Königstraße steht das heutige Museum Drägerhaus (Nr. 9), 1981 als Stiftung des Industriellen Dr. Heinrich Dräger als Museum für Kunst und Kultur Lübecks im 19. Jahrhundert eröffnet, und das Museum Behnhaus (Nr. 11). Beide Häuser zeigen noch heute im Inneren die fast unveränderte Struktur großbürgerlicher Wohngebäude. Das erstere besitzt außerdem neben Sammlungen zur Lübecker Kulturgeschichte des 19. Jahrhunderts eine opulente Rokoko-Festraumsuite im Erdgeschoß des Flügels, die einzige vollständig erhaltene in Lübeck, das letztere kostbare Innenausstattungen hauptsächlich aus der ersten Hälfte des vorigen Jahrhunderts.
Die zwei Häuser, das Drägerhaus allerdings nur am Rand, erscheinen auch zusammen mit anderen 1876 auf einem Aquarell (Abb. 3) in dem Geschenkalbum zur goldenen Hochzeit des Ehepaares Johann Christoph Fehling und Emma Emilie, geborene Oppenheimer. Königstraße 9 gehörte zu diesem Zeitpunkt freilich noch nicht jener einflußreichen Familie, den Hagenströms in Thomas Manns *Buddenbrooks*, aber kurz danach, 1881/82, ein Zeichen für die anhaltende Attraktivität der Königstraße.
Das Blatt mit dem beeindruckenden, ausschließlich in bester Lage befindlichen Hausbesitz der Fehlings und ihres Clans demonstriert nicht nur den Besitzerstolz einer damaligen führenden Familie, der Kaufleute, Gelehrte, Senatoren, ja durch Heirat sogar ein Dichter (Emanuel Geibel) angehörten. Es liefert auch einen Hinweis darauf, was für Häuser erstrebenswert waren: Die Fassaden auf dem Aquarell tragen bis auf zwei das Gepräge des 18. Jahrhunderts, so auch das schöne Anwesen Königstraße 18, das wir ebenfalls unter den Fehling'schen Häusern finden. Einst war es das luxuriös-bequeme Domizil der Martys, der Urgroßeltern von Heinrich und Thomas Mann, Vorbilder für den à-la-mode-Kavalier Lebrecht Kröger und seine Frau in *Buddenbrooks*.
Die Vorliebe für repräsentative Bauten des 18. Jahrhunderts in guter Wohnlage teilten zwischen 1870 und 1890 andere tonangebende Familien und Handelshäuser: Die Manns behielten z. B. den Sitz ihrer Firma (bis 1883) in dem Haus Mengstraße 4 (1758), dem heutigen *Buddenbrookhaus*; der Kaufmann und Senator Karl August Wilhelm Wolpmann residierte in seinem prächtigen Haus Königstraße 81 (1773), der sehr wohlhabende Arzt Dr. med. Anton Christian Gütschow, den man in dem Dr. Grabow der *Buddenbrooks* wiederzuerkennen glaubt, in dem Kaufherrenpalais Königstraße 42 (1752, Abb. 42), die im Kolonialwarenhandel führende Firma Schwartzkopf & Cabell in dem 1764 umgebauten Haus Mengstraße 33–35 (Abb. IX), die bekannte Holzhandlung Franck in dem sehr weitläufigen Anwesen Koberg 2 (im Inneren z. T. erste Hälfte bis Mitte 18. Jahrhundert unter Einbeziehung mehrerer, wesentlich älterer Teile, z. B. der aus der Zeit um 1200 stammenden Brandmauern, Fassade 1795/97). Heute beherbergt es die Industrie- und Handelskammer.

Abb. 3: Die Häuser der Familie Fehling, der *Hagenströms* in *Buddenbrooks*. Von links nach rechts: Wahmstraße 79 (oben), Johannisstraße 50 (heute: Dr.-Julius-Leber-Straße), Königstraße 9 und 11 (Dräger- und Behnhaus; oben), Königstraße 1 (Mitte), Schüsselbuden 15 (unten), Koberg 5 (oben), Königstraße 18 (unten).
Die Abbildung befindet sich in dem großen Prachtalbum, das die Familie ihren *Stammeltern* Johann Christoph Fehling und Anna Emilie geborene Oppenheimer zur goldenen Hochzeit schenkte. Das Album dokumentiert eindrucksvoll und unmißverständlich Reichtum und herausragende soziale Stellung des Fehlingschen Familienclans in der Hansestadt.
Unbekannter Künstler, Aquarell 1876.

Es scheint, als habe die beschriebene Tatsache, komprimiert zu einer Art von essentiellem und besonderem Lebensgefühl, den heranwachsenden Thomas beeindruckt und beeinflußt, in minderem Maß aber wohl ebenfalls Heinrich. Wie auch immer, Thomas Mann wählte jedenfalls das als *Familienhaus* apostrophierte Anwesen in der Mengstraße als Hauptschauplatz seiner *Buddenbrooks* und ließ es außerdem in einigen Novellen und im *Doktor Faustus* aufscheinen. Das noble Gebäude im Schatten von St. Marien sprach einfach mehr zu Gemüt und Gefühl als das moderne, 1882 im Neurenaissance-Stil errichtete eigentliche Vaterhaus in der Beckergrube Nr. 52 (Abb. 4, 5), obgleich der von Senator Thomas Johann Heinrich Mann erbaute neue Wohnsitz der Familie sehr prachtvoll ausfiel: Architekt war Julius Grube, damaliger *Star* des Lübecker Baubetriebes. Wieder einmal brillierte er bei Manns mit Oberlichtern, gekonnter Lichtführung und vor allem mit einem aufwendigen Treppenhaus.
Thomas Mann identifizierte sich jedoch gerade nicht mit der hochgekommenen reichen und selbstbewußten Bourgeoisie des 19. Jahrhunderts, deren Lebensstil sich in dem neuen Haus widergespiegelt fand. *Meine Welt ist (. . .), gesellschaftlich gesprochen, diejenige patrizischer Bürgerlichkeit,* äußerte er vielmehr in schillernder und durchaus kokettierender Selbststilisierung. Patrizisches Lebensgefühl aber war freilich besser mit dem alten Firmensitz in der Mengstraße zu verbinden. Hier war Tradition für jeden sichtbar und verständlich gleichsam materialisiert, das Haus stand für den legitimen Anspruch der mit ihm verbundenen *alten* Familie ein. Daher erklärte auch Thomas Buddenbrook beim Verkauf des Mengstraßenhauses gegenüber seiner Schwester:

Andererseits ist es ja klar, wodurch Konsul Hagenström auf Kaufgedanken gebracht worden ist. Die Leute sind emporgekommen, ihre Familie wächst, sie sind mit Möllendorpfs verschwägert und an Geld und Ansehen den Ersten gleich. Aber es fehlt ihnen etwas, etwas Äußerliches, worauf sie bislang mit Überlegenheit und Vorurteilslosigkeit verzichtet haben . . . Die historische Weihe, sozusagen das Legitime . . . (*Buddenbrooks*, Teil IX, Kapitel 4).

Indessen entwickelten auch andere Lübecker emotionale Bindungen zu ihren einer vergangenen Zeit

Abb. 4: Beckergrube 52: Das Vaterhaus der beiden Dichter Heinrich und Thomas Mann. Ihr Vater, der Senator, ließ das Gebäude 1882 durch den Lübecker Stararchitekten Julius Grube im Neurenaissance-Stil erbauen. 1883 zog die Familie und auch die Firma ein. 1942 wurde das Haus zerstört. – Foto 1930.

entstammenden herrschaftlichen Wohnsitzen. Das hinderte sie allerdings nicht, bei entsprechend vorteilhafter Konjunktur diese Gebäude zu verkaufen und gegebenenfalls den Abbruch mitanzusehen. In der das späte 19. Jahrhundert spiegelnden Lübecker Memoirenliteratur begegnet man so immer wieder ausführlichen Beschreibungen der alten Häuser, zum Beispiel in dem qualitativ herausragenden Erinnerungswerk des Bürgermeisters Emil Ferdinand Fehling *Aus meinem Leben* (1929). Nach Ansicht einiger Zeitgenossen gab er in *Buddenbrooks* das Vorbild für jenen Rechtsanwalt Moritz Hagenström mit der schwachen Brust und den schlechten Zähnen ab. Fehling bewohnte nach dem Ableben seiner Eltern

Abb. 5: Beckergrube 52: Das Treppenhaus. Damals, als es neu war, muß es einen überwältigenden Eindruck gemacht haben. Der Sohn des Hauses, Thomas Mann, erzählt von ihm, *das im ersten Stockwerk von der Fortsetzung des gußeisernen Treppengeländers gebildet ward, in der Höhe der zweiten Etage aber zu einer weiten Säulengalerie in Weiß und Gold wurde, während von der schwindelnden Höhe des „Einfallenden Lichtes" ein mächtiger, goldblanker Lüster herniederschwebte . . .* (*Buddenbrooks*, Teil VII, Kapitel 6).
Reproduktionsfoto aus *Von Lübecks Türmen,* 1922, 32. Jahrgang, Nr. 7, S. 27.

bis 1899 das jetzige Drägerhaus, es wird daher, wie auch das Haus seiner Kindheit, Königstraße 1, in dem Erinnerungswerk beschrieben. Für Fehling mag eine Beeinflussung durch den Roman nicht gelten, wiewohl er *Buddenbrooks* kannte: Es stellt sich nämlich die Frage, inwieweit dies bei der Lübecker Memoirenliteratur jener Zeit der Fall ist. Die Darstellungen, in denen die Kaufmannsstadt mit dem solid altdeutschen Gepräge und dem Hang zur Tradition so gefeiert wird, lassen einen Einfluß jedenfalls vermuten. Wahrscheinlich ist ein solcher sogar für Elisabeth Amalie Hippolithe Mann alias Tony Buddenbrook und für ihre im Winter 1908 niedergeschriebenen Erinnerungen *Aus meinem Leben* – sie wurden nie gedruckt – anzunehmen. Für *Tony* war das Mengstraßenhaus *das alte Stammhaus mütterlicherseits, was seit dem 15ten Jahrhundert schon in deren* (= der Familie ihrer Mutter) *Besitz war.* Ihre Mutter sei *über diesen Kauf unbeschreiblich glücklich* gewesen. Weiter heißt es: *Sie* (die Mutter) *hatte eine große Anhänglichkeit für diesen alten Familiensitz ihrer Vorfahren und hat bis zu ihrem Tode sich dieses Besitzes gefreut! Es war ein wunderschönes altes Haus, mit 21 Zimmern, einer wunderbar schönen großen Diele, von Säulen getragen. (. . .) Die Diele war mit großen antiquen Mahagonie Schränken, von deren Größe man jetzt kaum eine Ahnung hat möblirt, große Klapptische dazu paßend, die bei großen Gesellschaften durch ihre Ausdehnung vorzügliche Dienste leisteten. Ein lebensgroßes Schaukelpferd, wunderschön ausgestattet, war unserer Herzen besondere Freude, wir konnten zu 3en bequem darauf sitzen (. . .).*

Mit diesen wenigen Sätzen führt uns die Tante der beiden Dichter in eines jener großzügigen Giebelhäuser in der Lübecker Altstadt, in dem in der Regel noch bis zum Ende des Jahrhunderts Geschäftsbetrieb und Wohnung vereint blieben. Auffällig ist jedoch, daß die Schwester des Senators weder die Kontore noch die Wohnräume beschreibt, ja, nur die beeindruckende Gesamtzahl der Zimmer, nämlich 21, nennt. Ob uns dort nicht mehr so Bedeutendes begegnet wäre wie in der mit *Antikem* ausgestatteten Diele? Daß das Geschäftsleben sich prosaisch gab und darstellte, versteht sich, aber der Saal und der Salon? Soll hier etwa das edle, vom Neffen entworfene Bild nicht gestört werden? In Wirklichkeit hatte man sich ja in den alten Häusern zeitgemäß und der jeweiligen Mode entsprechend eingerichtet, so auch einst im *Buddenbrookhaus.*

Wie man bei Eröffnung des Drägerhauses 1981 in dem damals aufgebauten Salon sehen konnte, bevorzugte man im 19. Jahrhundert für einen solchen Raum (Abb. 6) üppige Sitzmöbel in geschwungenen Formen aus teurem Mahagoni, bezogen mit bordeauxrotem Samt oder Damast, besetzt mit Kordeln, Troddeln und Quasten. Schwere Vorhänge hielten

Abb. 6: Frau Oberpostdirektor Lingnau im Salon ihrer Wohnung Johannisstraße 69 (heute: Dr.-Julius-Leber-Straße). Typisch für die Zeit ist die Ausstattung dieses Gesellschafts- und Wohnzimmers mit einem großen Sofa, Sofatisch, gepolsterten Sitzmöbeln, dazu verschiedene Tischchen und diverse Ziermöbel, hier vertreten durch einen Damensekretär. Charakteristisch sind auch die vielen, gerahmten Familienfotos an der Wand. Ölgemälde blieben im normalbürgerlichen Milieu noch lange die Ausnahme. Statt dessen behalf man sich mit Drucken, wie hier, oder mit Kupferstichen. Foto: Julius Krause, um 1895.

das Tageslicht zurück. Um so vornehmer mag die Blässe der Hausfrau erschienen sein, die wir uns, gelehnt in einen der bequemen Fauteuils, vorstellen können, beschäftigt mit einer Stickerei, vielleicht auch mit der Lektüre irgendeines Romans. Außer dem großen Salontisch gehörten zur unentbehrlichen Einrichtung jene Etagèren oder *Stummen Diener* (kleine Tischchen).

Im Saal – dieser Raum wie auch der Salon lagen bei *moderneren* Häusern im ersten Stock an der Straßenfront, bei älteren auch im Erdgeschoß des Flügels – dominierten dagegen hochlehnige, beschnitzte Stühle mit rohrgeflochtenen Sitzen im altenglischelisabethanischen Stil, wenn sie älter waren, oder im Neurenaissance-Geschmack, wie die Eßzimmerstühle bei Senator Mann, die nach Verkauf des Beckergrubenhauses dort blieben und trotz Zerstörung des Hauses die Zeiten überdauerten. Dazu kamen schwere, ausziehbare Tische und ein Buffet oder *Sideboard* zum Aufstellen von Tafelgerätschaften. Galt es doch in besseren Kreisen wenigstens ein- oder zweimal während der gesellschaftlichen Saison im Winter 50 bis 60 Gäste zum Dinner zu bitten.

Dazu wurde eigens eine besondere Kochfrau bestellt – die eigene *Köksch* war dafür nicht ausreichend. Indessen stellte jene Spezialistin in den anderen einschlägigen Familien oft ebenfalls die Menüs her, natürlich immer auf der Grundlage von sorgfältig und umsichtig beratenen Speisezetteln. Zur Bedienung zog man bei den vornehmen Einladungen regelmäßig Lohndiener heran. Wir sollten uns nämlich nicht täuschen: Zahlreichere, festangestellte Diener-

schaft war in Lübeck während der Kindheit von Heinrich und Thomas Mann schon längst nicht mehr zu bezahlen und daher auch nicht mehr üblich. *Gute* Familien hatten eine *Köksch* und zwei Mädchen, eines davon das Folgmädchen. In *besseren* Kreisen kam eine *Mamsell* dazu. Sie stand dann an der Spitze der weiblichen Dienstboten und konnte die Rolle einer Gesellschafterin für die Dame des Hauses übernehmen, wie es bei Ida Jungmann in *Buddenbrooks* beschrieben wird. Alle übrigen *weiblichen* Tätigkeiten erledigte zusätzliches stunden- und tageweise engagiertes Personal, das nicht im Haus lebte. Es kam die Näherin, die Wäscherin, die Bügelfrau usw. Amme und Kinderfrau freilich blieben so lange wie notwendig bei ihrer Gastfamilie wohnen. Diener waren dagegen eine ausgesprochene Rarität und dann Ausdruck höchsten, an feudalen Verhältnissen orientierten Standesbewußtseins. So gab es 1895/96 in ganz Lübeck noch 36 Diener! Zwei dienten bei Herrschaften im Bereich der Industrie und des Bauwesens, fünf bei solchen des Handels und Verkehrs, 14 bei Militärpersonen, im Staats-, Gemeinde-, Kirchendienst und bei sogenannten freien Berufsarten, 15 bei Privatiers ohne Beruf und Berufsangabe.
Vorzugsweise hatten Mitglieder des Senats einen eigenen Diener wie z.B. der rechtsgelehrte Senator und Bürgermeister Behn – in *Buddenbrooks* Vorbild für den Bürgermeister Oeverdieck, Pate Hannos –, der im anfangs genannten *Behnhaus* residierte. In seiner Familie ist eine Kuriosität auszumachen, die aber üblich gewesen zu sein scheint: Der Diener verpflichtete sich bei Dienstantritt – selbstverständlich trug er Livree, und zwar eine grüne –, auf den Namen Friedrich zu hören, ob er wirklich so hieß oder nicht: Bei Behns hießen einfach alle Diener Friedrich! Eine Umgewöhnung, wenn ein Wechsel stattfand, war so überflüssig.
Die von der Oberschicht bevorzugten Wohngegenden, zu denen, wie schon erwähnt, die Königstraße zwischen Glockengießerstraße und Koberg gehörte, lagen traditionell auf dem Höhenrücken der Stadt. Goutiert wurden demnach Teile der Breiten Straße, vor allem zwischen Kanzleigebäude und Koberg, der Koberg selbst, die obere Mengstraße, Johannisstraße (heute: Dr.-Julius-Leber-Straße), Große Petersgrube. Mitunter mochte sich die Vorliebe für diese oder jene Straßenzeile etwas verschieben. So gewann im späteren 19. Jahrhundert die Beckergrube an Beliebtheit, da sie besonders breit und damit auch hell war und ihr unterer Teil in Hafennähe lag. Hier bezog Senator Mann sein neues Wohnhaus, nachdem er das kleinere und gemietete Haus in der Breiten Straße (Abb. 38) verlassen hatte. Noch heute kann man an dort erhaltenen Fassaden die damalige lebhafte Bautätigkeit ablesen. Der Senator folgte also einem Zug der Zeit, wenn er auch einen Vorteil wahrnehmen konnte: Eine Tante, Emma Wilhelmine (geborene) Marty, die Witwe des Großherzoglich-Sächsischen Konsuls A.W.C. Grammann, besaß dort ein großes, altes, typisch lübeckisches Kaufmannshaus (Abb. 7). Für

Abb. 7: Die beiden Häuser des Konsuls A.W.C. Grammann, Beckergrube 50 und 52. Der Kaufmann Grammann war mit einer Schwester von Elisabeth Mann geb. Marty, der Mutter des Senators, verheiratet. Die Witwe Grammann verkaufte dem Senator, ihrem Neffen, das linke der beiden großen Giebelhäuser. Er brach es ab und ersetzte es durch einen Neubau (vgl. Abb. 4).
Foto um 1875.

40 000 Mark ging es an den Neffen. In *Buddenbrooks* (Teil VII Kapitel 5) liest sich der Vorgang folgendermaßen:

So war es nicht Übermut, daß Senator Buddenbrook im Sommer dieses Jahres 63 umherging und über dem Plane sann, sich ein großes, neues Haus zu bauen (. . .). Es war ein ziemlich umfangreiches Grundstück in der unteren Fischergrube (!). *Ein altersgraues, schlecht unterhaltenes Haus stand dort zum Verkaufe, dessen Besitzerin, eine steinalte Jungfer, die es als ein Überbleibsel einer vergessenen Familie ganz allein bewohnt hatte, kürzlich gestorben war. An diesem Platze wollte der Senator sein Haus erstehen lassen (. . .).*

Thomas Mann orientierte sich also in seinem Roman an der historischen Wirklichkeit, ging aber mit ihr nach seinem Sinn um. Dabei bereitete es ihm zweifellos Vergnügen, versteckte Sticheleien anzubringen oder kleine Hiebe auszuteilen. Mochte die Verwandtschaft darüber rätseln, wer mit der *steinalten Jungfer* gemeint war, die verwitwete Großtante, beim Verkauf ziemlich genau 66 Jahre alt, oder deren tatsächlich unverheiratete Tochter Emma! Letztere war zwar nach Ansicht der Zeit mit etwas mehr als 36 Jahren längst über das Stadium des *späten Mädchens* hinaus, bei weitem aber nicht steinalt! Trotz dieser Anzüglichkeit, wenn sie denn als solche empfunden wurde, durften der Dichter und seine Geschwister später von Tante Emma erben.
Den Erbauungsvorgang des väterlichen Hauses schildert der Dichter übrigens so:

Herr Voigt übernahm den Bau, und bald schon konnte man donnerstags im Familienkreise seinen sauberen Riß entrollen und die Fassade im voraus schauen: ein prächtiger Rohbau mit Sandstein-Karyatiden, die den Erker trugen, und einem flachen Dache, über welches Klothilde gedehnt und freundlich bemerkte, daß man nachmittags Kaffee darauf trinken könne . . . (. . .). Der Herbst kam, graues Gemäuer stürzte zu Schutt zusammen, und über geräumigen Kellern erwuchs, während der Winter hereinbrach und wieder an Kraft verlor, Thomas Buddenbrooks neues Haus. Kein Gesprächsstoff in der Stadt, der anziehender gewesen wäre! Es wurde tipptopp, es wurde das schönste Wohnhaus weit und breit! Gab es etwa in Hamburg schönere?. . . (*Buddenbrooks*, Teil VII, Kapitel 5).

1883 residierten Familie und Firma in dem neuen Haus. Nach dem Tod des Senators, also nicht einmal zehn Jahre nach dem Einzug, wurde das Gebäude dann verkauft. Es stand, in der von Senator Mann alias Thomas Buddenbrook gewünschten Gestalt, noch bis 1942. Im Bombenhagel der Palmsonntagnacht ging es zugrunde.
In der Beckergrube befand sich, weiter oben, aber nicht weit weg von dem Mannschen Haus, das 1858 eröffnete Casino-Theater (Abb. 8). In der Gesellschaft spielte es eine große Rolle, denn es war nicht nur die Heimstätte für Schauspiel und Oper, sondern es hielt auch Festräume für größere Veranstaltungen – öffentliche oder private – bereit. In solchen Augenblicken entfaltete sich auf der Beckergrube ein *großer Bahnhof*. Heinrich und Thomas Mann bewahrten Erinnerungen an Aufführungen in jenem schönen Gebäude, das später abgerissen wurde. Freilich war der Lübecker Theaterbetrieb, seit 1872 vom Senat mit 5000 Mark subventioniert, nicht besonders großartig. Die Spielzeit beschränkte sich auf den Winter. Im Sommer traten dafür das *Tivoli* auf dem Gelände der ehemaligen Schafferei unten an der Wakenitz und das *Victoriatheater* (später *Wilhelmtheater* genannt) auf dem Kienräucherhof vor dem Mühlentor mit mehr oder weniger leichter Unterhaltungskost in Aktion.
Im Spielplan des Stadttheaters stand, wie konnte es anders sein, die Oper an vorderster Stelle. Was kam auch dem bürgerlichen Repräsentationsbedürfnis mehr entgegen als ein Opernabend! Von der gemieteten Loge aus durfte man ungestraft und ungeniert öffentlich Glanz und Reichtum zur Schau stellen, gegebenenfalls auch die Schönheit *seiner* Damen!
Natürlich versuchte man mit dem, was man im Theater anbot, aktuell zu sein und so den Publikumswünschen gerecht zu werden. Daher fehlten im Spielplan des Lübecker Hauses die Wagner-Opern keineswegs. Und gerade solche Aufführungen waren es dann, die die Knaben Heinrich und Thomas so beeindruckten und bleibende Wirkung zeitigten. Die Auseinandersetzung mit der Musik Wagners, die wir bei den beiden Manns feststellen, wurzelt also in Kindheitserlebnissen.
Zur Lebensweise im größeren Stil gehörte in Lübeck seit alters als Antithese zum städtischen Getriebe das Leben im Sommer *auf dem Garten* (Abb. 9) vor dem Tor. In der guten Jahreszeit verließen die Familien

Abb. 8: Die Beckergrube mit dem Casino-Theater. 1857/58 errichtete der Lübecker Baudirektor Benda auf Betreiben der Casino-Gesellschaft, einem Zusammenschluß aus Senatoren und wohlhabenden Kaufleuten, den für seine Zeit recht aufwendigen Bau, der einen Theatersalon, aber auch Ball- und Gesellschaftsräume enthielt. Hier erlebten die Knaben Heinrich und Thomas Mann zum ersten Mal Schauspiel- und Opernaufführungen. – Foto um 1900.

mit Pick und Pack und Silberkoffer die städtischen Wohnungen, um sich einem ungezwungenen Leben mit ländlichem Einschlag hinzugeben. Nur die arbeitenden Männer blieben in der Stadt, kamen aber am Abend wohl heraus. Das Leben im Gartenhaus hielt man für gesund, noch gesünder und *kostbarer* war es freilich, Tage oder Wochen in Travemünde zum Baden oder zur Kur zu verbringen. Es gab auch Stadtlübecker, die dort ein eigenes Haus hatten, z.B. die Blohms, in Venezuela reich geworden. Meistens wohnte man aber in Travemünde bei einem Schiffer, Fischer oder Kapitän, einlogiert in einem jener Häuser mit den großen, verglasten Veranden. Für beides, das Leben auf dem Garten wie in Travemünde, haben Heinrich und Thomas Mann Zeugnis abgelegt. Der eine läßt Gabriele West in *Eugénie oder die Bürgerzeit* vor dem Tor wohnen, wo nebenan auch der finstere Herr Pidohn seinen Garten besaß, der andere hat Mal für Mal seine Liebe zu Travemünde erklärt.

Noch einmal der Garten: Thomas Mann, am 6. Juni 1875 geboren, erblickte das Licht der Welt in einem Gartenhaus. Seine Eltern folgten nämlich auch hierin den Gepflogenheiten des Lübecker Bürgertums und mieteten in jenem Jahr vor dem Burgtor ein Sommerlogis, da sie keinen eigenen Garten besaßen. Dort geschah es dann, doch niemand weiß mehr wirklich, wo! Wahrscheinlich lag der gemietete Garten in einiger Entfernung von der Stadt. Vielleicht erklärt dies, warum die Anmeldung des neugeborenen Knaben beim Stadt- und Landamt erst 24 Tage später, nach mehr als drei Wochen, erfolgte!

Abb. 9: Lübecker Hausgarten am Ende des vorigen Jahrhunderts. Typisch ist der kleine, runde Teich mit seinen Wasserpflanzen und Gewächsen in Kübeln. Das Zelt rechts im Hintergrund bringt eine Textstelle aus Thomas Manns Novelle *Der kleine Herr Friedemann* (Kapitel 2) in Erinnerung: *Ein alter, knorriger Walnußbaum stand dort und in seinem Schatten saß der kleine Johannes oft auf einem niedrigen Holzsessel und knackte Nüsse, während Frau Friedemann und die drei nun schon erwachsenen Schwestern in einem Zelt aus grauem Tuch beisammen waren.*
Foto um 1890/1900.

In zunehmendem Maße wurden übrigens gegen Ende des Jahrhunderts die Gartenhäuser zu ständigen Wohnsitzen, und um sie herum entwickelten sich manchmal sogar Villenquartiere. Die neue Gewohnheit und die Herausbildung von Vorstädten hing mit der Zunahme der Bevölkerung zusammen, veranlaßt durch die Industrialisierung und die damit verbundene beginnende Kommerzialisierung der Innenstadt, wie sie heute vollendet ist. 1895 wohnten von insgesamt 14 Senatoren (einschließlich Bürgermeister) bereits fünf in der Vorstadt. Die Vorstädte zählten sogar schon fast so viele Menschen (34 410) wie die Innenstadt (35 178). Die Gesamtstadt hatte also 69 588 Einwohner.

Natürlich lebten in Lübeck damals, als die beiden Dichter noch Kinder waren (Abb. 10), nicht nur Großkaufleute vom Schlage des Vaters und seiner Verwandten. Freilich prägte diese Welt, für die auch jene ritualisierten Feste und Begängnisse so charakteristisch waren, den Erlebnishorizont der heranwachsenden Geschwister Mann. Feststehende Einrichtungen in diesen Kreisen waren zum Beispiel die oft wöchentlich stattfindenden Familien- oder Kindertage, meist bei den Großeltern. Kindstaufen wurden groß gefeiert, bei den einschlägigen Familien auch der Taufakt selbst im Haus vollzogen. Traditionsbewußt verwendete man gerne die eigene silberne Taufschale. Es entsprach daher wirklich dem Brauch,

Abb. 10: Julia Mann geb. da Silva-Bruhns mit ihren Kindern Julia, Heinrich und Thomas. Thomas Mann verlieh *Gerda Buddenbrook* einige Züge der Mutter. – Foto 1879.

wenn Thomas Mann die Taufe Hannos, des letzten Buddenbrook, folgendermaßen erzählt:

Und nun sprengt, während die Amme die Haube des Kindes lüftet, der Pastor vorsichtig zwei oder drei Tropfen aus der silbernen, innen vergoldeten Schale, die vor ihm steht, auf das spärliche Haar des kleinen Buddenbrook und nennt langsam und nachdrücklich die Namen, auf die er ihn tauft: Justus, Johann, Kaspar. Dann folgt ein kurzes Gebet, und die Verwandten gehen vorbei, um dem stillen und gleichmütigen Wesen einen glückwünschenden Kuß auf die Stirn zu drücken . . . (*Buddenbrooks*, Teil VII, Kapitel 1).

Übrigens hielten die Hauptkirchen der Stadt silberne Taufschalen für Haustaufen bereit, sogar die Reformierte Kirche, deren Gemeinschaft seit dem späten 18. Jahrhundert einige der führenden Familien angehörten, während die Mehrheit in Lübeck ja sonst lutherischen Glaubens war. Im Falle der Manns benützten diese aber wirklich eine eigene Schale (Abb. 11), ein schönes halbkugeliges Gefäß, dessen einziger Zierat *ein erhabener Kranz von Rosen und zackigen Blättern um ihren oberen Rand* war (Thomas Mann, *Der Zauberberg,* Kapitel 2).
Konfirmation, Verlobung, Hochzeit waren ebenfalls mit Aufwand gefeierte Ereignisse. Lange sprach man davon und behielt die Erinnerung für das ganze

Abb. 11: Die Taufschale der Familie Mann. Sie wurde zusammen mit einem nicht von Anfang an dazugehörigen Untersatz verwendet und kam durch Anna Katharina Grotjahn, die Frau Johann Siegmund Manns sen., in die Familie. Ursprünglich war sie wohl eine Konfektschale und wurde erst in Lübeck für die Familientaufen benutzt.
Johann Friedrich August Noack, Silber, Hamburg um 1820. – Höhe 10,7 cm, Durchmesser 16,5 cm.

Leben. Mit düsterem Pomp umgab man die Leichenbegängnisse. In der Oberschicht fanden die Einsegnungen zu Hause statt, Frauen und Kinder kamen nicht mit auf den Friedhof. Als Beispiel einer solchen Zeremonie folgt hier eine – etwas gekürzte – Beschreibung der Beisetzung von Heinrich und Thomas Manns Vater:

Senator Thomas Johann Heinrich Mann wurde heute im Grabe seiner Väter zur letzten Ruhe gebettet. Um 9 Uhr Morgens begannen im Hause des Entschlafenen vor der aufgebahrten Leiche die Trauerfeierlichkeiten. Der ernst und würdig dekorirte Raum vermochte kaum die Leidtragenden zu fassen; Alles was in Lübeck Namen und Rang hat, war erschienen, dem Heimgegangenen die letzte Ehre zu erweisen. Herr Hauptpastor Ranke von St. Marien hielt die Trauerrede. (. . .)
Inzwischen hatten sich vor dem Trauerhause dichte Menschenmassen angesammelt. Die ganze Beckergrube hinauf, die Breitestraße entlang bis zum Burgthor stand das Publikum still und schweigend. Überall dasselbe Thema, überall hörte man: Senator Mann war der Tüchtigsten Einer. Bald nach ½ 10 Uhr erklangen die feierlichen Weisen des herrlichen Glokkenspiels von St. Marien. Nun trugen die Träger den Sarg hinaus aus dem Hause, ihn auf den prächtigen, von vier Pferden gezogenen Leichenwagen stellend. Die Ehrenkompagnie unserer 76er hatte inzwischen das Gewehr präsentiert. (. . .)
Der Leichenzug bewegte sich in folgender Ordnung: Dem Sarge vorauf marschirte die Ehrenkompagnie der 76er, dann folgten die Arbeiter der Firma mit prächtigen Kränzen, die Kornträger, viele Beamte der Lübeck-Büchener-Bahn, (. . .), und nun eine Abtheilung unserer ehrwürdigen Trägerkorporation. In schier endloser Reihe schlossen sich die Trauerkutschen an. Zuerst sahen wir den Galawagen des Senats, gefolgt von zwei reitenden Dienern, von ihren Dreimastern wallte langer Trauerflor herab. (. . .) Nun folgten die nächsten Verwandten und Angehörigen des Verschiedenen. (. . .) Die folgenden Wagen brachten Deputationen von Behörden und Gesellschaften. (. . .)
Damit war aber die Zahl der Leidtragenden noch lange nicht erschöpft, es mochten noch einige 50 Equipagen mit angesehenen Bürgern, Beamten und Kaufleuten folgen. Auch unser ganzes Offizierskorps betheiligte sich. Als der von Blumen bedeckte Sarg nach der Familiengruft getragen wurde, präsentirten wieder die Truppen, die Musikkapelle spielte einen Choral. Noch einmal nahm Pastor Ranke das Wort, um dem Todten den letzten Abschiedsgruß zuzurufen. (. . .) Dann sprach der Geistliche den Segen, und die erhebende Trauerfeier war beendet (*Eisenbahnzeitung* Nr. 244, Lübeck 17. Oktober 1891).

Geschäftsjubiläen nahm man ebenfalls sehr wichtig. Ging es um eine der großen Firmen, feierte die ganze Stadt und zeigte sich stolz im rotweißen Flaggenschmuck. Geschenke wurden ausgetauscht, vorzugsweise Pokale aus Silber mit eingeprägten Symbolen oder eingravierten sinnreichen Inschriften. Als ein wenig extravagant mochte gelten, daß Konsul Hermann Fehling (Abb. 12) dem Senator Mann zum 100jährigen Jubiläum von *Johann Siegmund Mann* einen gläsernen, bunt mit Emailfarben bemalten Pokal (Abb. II) verehrte.

Wie es bei einer mehr familiär betonten Geschäftsfeier zuging, auch dieses Mal in der Familie Mann, aber eine Generation früher, schildert uns Johann Siegmund Mann d. J., der Konsul in *Buddenbrooks,* in seinen *Skitzen:*

Anfangs des Jahres 1848 am 2t. Januar ward mein Vater und mir die große Freude zu Theil unsre fünfundzwanzig Jährige commerzielle Verbindung zu erleben und zu feiern, zu welcher hohen Feier von nah und ferne Verwandte und Freunde gekommen waren, und ich erinnere, nie einem schönern Feste beigewohnt zu haben. Außer den Verwandten und Freunden, unter welchen letztern sich auch die Tochter meines väterlichen Prinzipals Madame Köppen geb. Käselau befand – sowie sämmtliche lebende 6 Kinder gegenwärtig waren, waren von den hiesigen & auswärtigen Comptoir-Arbeitern eine große Anzahl zugegen, außerdem unsre respectiven Seelsorger Dr Funk u der Senior Lindenberg und die leiblichen Aerzte, zusammen c 60 Personen, außer den jungen Leuten, welche für den Abend zum Tanz eingeladen waren. Viele sehr hübsche Gedichte und Reden schmückten dies seltne Fest, und verehrte mein Vater mir an demselben denjenigen silbernen Pokal (Abb. 13), *den derselbe nach fünfzigjähriger Mitgliedschaft und Wirksamkeit vom löblichen Bergenfahrer Collegio zum Geschenk erhalten hatte mit dem Wunsche, daß derselbe bei unsrer Familie bleiben möge.*

Es versteht sich, daß das Fest im Hause Mengstraße 4 stattfand, im Hause der Buddenbrooks.

Die Kaufleute, zumal die großen, waren jedoch eine kleine Minderheit. Im hierarchischen Aufbau der Gesellschaft standen unter ihnen die Krämer, die lange nicht ratsfähig gewesen waren. Es folgten Brauer, Schiffer, Handwerker und *Gewerbetreibende,* die nicht ohne weiteres in das traditionelle Beziehungsgeflecht einzuordnen waren. Gerade unter ihnen tat sich aber schon der eine oder andere wohlhabende Unternehmer hervor. Schließlich gab es die Arbeitsleute, wie die Arbeiter hießen, gleich, ob sie in der aufkommenden und mehr und mehr aufblühenden Industrie Beschäftigung fanden, im Handwerk, im Hafen oder bei den Kaufleuten. Die Spitzengruppe der Arbeitsleute bildeten die Träger (Abb. 14). Dank ihrer Privilegien hatten sie das ganze innerstädtische Transportwesen in ihren Händen. Sie waren so wichtig, daß sie und ihre Einrichtungen regelmäßig von den großen Kaufleuten testamentarisch bedacht wurden. Auch Senator Mann folgte diesem Brauch.

Ohne die vielen Lehrburschen, Handwerksgesellen, Handlungsgehilfen und alle anderen unselbständigen Personen oder in niederen Bereichen Tätigen wäre

Abb. 12: Hermann Wilhelm Fehling (1842–1907) gilt als Vorbild für Konsul *Hermann Hagenström* in *Buddenbrooks.* Er war außerordentlich erfolgreich, wurde 1871 in die Lübecker Bürgerschaft gewählt und war mehrfach deren stellvertretender Wortführer. 1887 Reichstagsabgeordneter, wählte man ihn seit 1898 mehrfach zum Präses der Handelskammer.
Sein Bild zeichnet Thomas Mann folgendermaßen: *Hermann Hagenström begann sehr stark zu werden, denn er lebte vortrefflich, und man sagte sich, daß er gleich morgens mit Gänseleberpastete beginne. Er trug einen rötlichblonden, kurzgehaltenen Vollbart, und seine Nase – die Nase seiner Mutter – lag auffallend platt auf der Oberlippe* (*Buddenbrooks,* Teil VI, Kapitel 6). – Foto um 1890.

Abb. 13: Der *Bergenfahrerpokal* der Familie Mann war ein Geschenk der Bergenfahrer-Kompagnie an ihren Ältermann Johann Siegmund Mann d. Ä. zum Andenken an seinen vor 50 Jahren geschehenen Eintritt in das Collegium. Als Familienerbstück wurde er generationenlang hochgehalten.
Christian Friedrich Gerhard Ohrt, Silber, Lübeck 1840. – Höhe 31 cm.

eine Handelsstadt wie Lübeck nicht funktionsfähig gewesen. Leben und Bild der Stadt prägten sie entscheidend mit.

Wie stand es aber mit den Armen? Ja, die gab es auch noch, vorzugsweise im städtischen Armenhaus ... Freilich nahm man auch hier seine sozialen Verpflichtungen ernst. So manche Familie hatte ihre *Hausarmen* und kümmerte sich vorzugsweise um sie. Die Konsulin Elisabeth Mann geb. Marty, die Großmutter der beiden Dichter, gab ein eindrückliches Beispiel (s. S. 47).

Freilich war die Gesellschaft schon längst nicht mehr so festgefügt, wie es noch den Anschein haben mochte. Seit 1867 herrschte Gewerbefreiheit, Juden war die Stadt schon seit 1848 offen. Jeder Lübecker Bürger – das waren, rechtlich gesehen, freilich nicht alle Einwohner der Stadt, die Sache verlor aber seit der Zugehörigkeit zum Deutschen Reich an Bedeutung – und Selbständige konnte durch sein Wahlrecht an der politischen Entwicklung teilnehmen. Seit 1871 kam nun die von vielen schon länger gewünschte, nur langsam begonnene Industrialisierung in Fahrt, besonders nach Beginn der Schutzzollpolitik 1879. Der wichtigste Befürworter war seit 1889 der Lübecker Industrie-Verein. Er hatte Erfolg. Der war jetzt allerdings lebensnotwendig. Der Bau des Nord-Ostsee-Kanals eröffnete nämlich Hamburg und Bremen auf Kosten Lübecks den direkten Zugang zur Ostsee. Seit 1880 begann der Lübecker Handel daher zu stagnieren. Ohne verstärkte Industrialisierung hätten vermutlich all die großen Anstrengungen der zweiten Jahrhunderthälfte, der Ausbau der Verkehrswege, des Hafens, die Travekorrektur und die Anlage des Elbe-Lübeck-Kanals (1895–1900) Rang und Stellung Lübecks nicht sichern können. Allerdings verwandelte die neue Entwicklung unaufhaltsam das Aussehen der Stadt und ihre innere Struktur. Nach 1900 verlor sich mehr und mehr das Gepräge einer traditionellen vorindustriellen Handelsstadt. Ein neues Zeitalter kam herauf. Die Kindheit und Jugend von Heinrich und Thomas Mann waren damit Teil einer zum Abschluß gekommenen historischen Epoche geworden.

Abb. 14: Lübecker Weinschröter, die zur Korporation der Träger gehörten, bei der Arbeit in der Blocksquerstraße. – Foto Anfang 20. Jahrhundert.

Das Buddenbrookhaus – Vergangenheit und Gegenwart

Konsul Buddenbrook stand, die Hände in den Taschen seines hellen Beinkleides vergraben, in seinem Tuchrock ein wenig fröstelnd, ein paar Schritte vor der Haustür und lauschte den Schritten, die in den menschenleeren, nassen und matt beleuchteten Straßen verhallten. Dann wandte er sich und blickte an der grauen Giebelfassade des Hauses empor. Seine Augen verweilten auf dem Spruch, der überm Eingang in altertümlichen Lettern gemeißelt stand: „Dominus providebit". Während er den Kopf ein wenig senkte, trat er ein und verschloß sorgfältig die schwerfällig knarrende Haustür. Dann ließ er die Windfangtüre ins Schloß schnappen und schritt langsam über die hallende Diele (*Buddenbrooks*, Teil I, Kapitel 9).

Es ist ein durch und durch poetisches Bild, das Thomas Mann von Konsul Buddenbrook zeichnet. Das einprägsame Stimmungsbild wird dabei wesentlich von der atmosphärischen Ausstrahlung der grauen Giebelfassade des Hauses der Buddenbrooks mitgetragen, deren vertrauensvolle Inschrift, der Herr werde Vorsorge treffen, in so merkwürdigem Gegensatz zur Melancholie des Ganzen steht.

◁ Abb. 15: Mengstraße 6 (links) und 4 (rechts). Das Bild ist die älteste Aufnahme (um 1870) des Buddenbrookhauses. Das Original ist verschollen.
Reproduktionsfoto aus dem *Weltspiegel*, illustrierte Wochenschrift des *Berliner Tageblattes* 1925.

Abb. 16: Die obere Mengstraße nach dem Bombenangriff am Palmsonntag 1942. – Foto 1942.

Grau wird die Fassade (Abb. 15) in jenen Tagen, als die Großmutter des Dichters darinnen lebte, tatsächlich gewesen sein, anders als später, als man dem Haus mit einem zarten Gelbton und grauen Umrahmungen ein freundlicheres Aussehen zu geben versuchte. Grau war aber im 19. Jahrhundert überhaupt eine dominierende Farbe bei allen verputzten und bemalten Häusern oder solchen Teilen. Zu den vielen, abgestuften Rottönen der Backsteinmassen von Kirchen, öffentlichen Gebäuden, Speichern, unzähligen Wohnbauten bildete Grau in allen Schattierungen gleichsam den Gegensatz und die Ergänzung, je nachdem, auch stimmungsmäßig.

Was wir heute als Buddenbrookhaus vor uns sehen, ist nicht mehr das schöne und weitläufige Anwesen der Zeit um 1758. Davon blieb allein die Fassade (Abb. 16), drunten im Keller die Gewölbe des Vorderhauses. Nach der Zerstörung des Zweiten Weltkrieges in der Palmsonntagnacht 1942 wurde aber längst wieder hinter dem stehengebliebenen Rest ein neues Haus errichtet. Bis vor kurzem beherbergte es eine Bank, dazu einige Büros. Heute ist darinnen das Heinrich und Thomas Mann-Zentrum untergebracht.

Einstmals war es aber, mit den Worten des Dichters, so: *Die weite hallende Diele* (sie begann hinter der Haustür, Anm. des Verfassers) ... *war mit großen viereckigen Steinfliesen gepflastert. Bei der Windfangtüre sowohl wie am anderen Ende lagen Kontorräumlichkeiten, während die Küche, aus der noch immer der säuerliche Geruch der Schalottensauce hervordrang, mit dem Weg zu den Kellern links von der Treppe lag. Ihr gegenüber, in beträchtlicher Höhe, sprangen seltsame, plumpe, aber reinlich lackierte Holzgelasse aus der Wand hervor: Die Mädchenkammern, die nur durch eine Art freiliegender, gerader Stiege von der Diele aus zu erreichen waren. Ein paar ungeheurer alter Schränke und eine geschnitzte Truhe standen daneben.*

Durch eine hohe Glastür trat man über einige ganz flache, befahrbare Stufen auf den Hof hinaus, an dem linkerseits sich das kleine Waschhaus befand. Man blickte von hier aus in den hübsch angelegten, jetzt aber herbstlich grauen und feuchten Garten hinein, dessen Beete mit Strohmatten gegen den Frost geschützt waren und der dort hinten vom „Portal" abgeschlossen ward, der Rokokofassade des Gartenhauses. Die Herren aber schlugen vom Hofe aus den Weg zur Linken ein, der zwischen zwei Mauern über einen zweiten Hof zum Rückgebäude führte.

Dort führten schlüpfrige Stufen in ein kelleriges Gewölbe mit Lehmboden hinab, das als Speicher benutzt wurde, und von dessen höchstem Boden ein Tau zum Hinaufwinden der Kornsäcke herabhing. Aber man stieg zur Rechten die reinlich gehaltene Treppe ins erste Stockwerk hinauf, woselbst der Konsul seinen Gästen die weiße Tür zum Billardsaale öffnete.

Herr Köppen warf sich erschöpft auf einen der steifen Stühle, die an den Wänden des weiten, kahl und streng aussehenden Raumes standen.

„Ich sehe fürs erste zu!" rief er und klopfte die feinen Regentropfen von seinem Leibrock. „Hole mich der Teufel, was ist das für eine Reise durch Euer Haus, Buddenbrook!" (*Buddenbrooks*, Teil I, Kapitel 8).

Die zitierte Beschreibung liefert das Bild eines alten lübeckischen Kaufmannshauses, wie es sich als Typ durch die Jahrhunderte hindurch entwickelt hatte (Abb. 17): Das Straßengebäude, mit fünf Fensterachsen vergleichsweise schmal, wendete seinen mehrstöckigen Giebel mit dem Haupteingang nach vorne, die langen Traufseiten stießen an die ähnlich angelegten Nachbarhäuser. Hinten, seitlich, weniger als die Hälfte breit, war das Seitengebäude, in Lübeck traditionell Flügel genannt, angefügt, den Raum zwischen Flügel und gegenüberliegender Grundstücksgrenze nahm der Hof ein. Dann kam der Garten. Ihn begrenzte fast in ganzer Grundstücksbreite ein Gartenhaus, in Lübeck herkömmlicherweise „Portal" benannt. Einen solch großen Garten (Abb. 18) besaßen aber längst nicht alle Bürgerhäuser und schon gar nicht einen zweiten dahinterliegenden Hof mit abschließendem Quergebäude, ob als Speicher oder anders genutzt.

Dennoch gab es derartige Grundstücksverhältnisse hin und wieder, vorzugsweise natürlich in den besseren Quartieren, jedenfalls da, wo der enge bebaute Raum in der Altstadt das zuließ, z. B. in dem von der oberen Mengstraße, einem Teil der Breiten Straße, der Beckergrube und von Fünfhausen umgrenzten Geviert. Sicherlich lag in diesen komfortablen Verhältnissen ein Grund, die obere Mengstraße als Wohnort zu bevorzugen. Das bot aber noch andere Vorteile. Die obere Mengstraße lag auf dem gesünderen Höhenrücken, der die Stadt durchzieht, auch war sie ziemlich breit. Selbst als noch die niedrigen Brot-

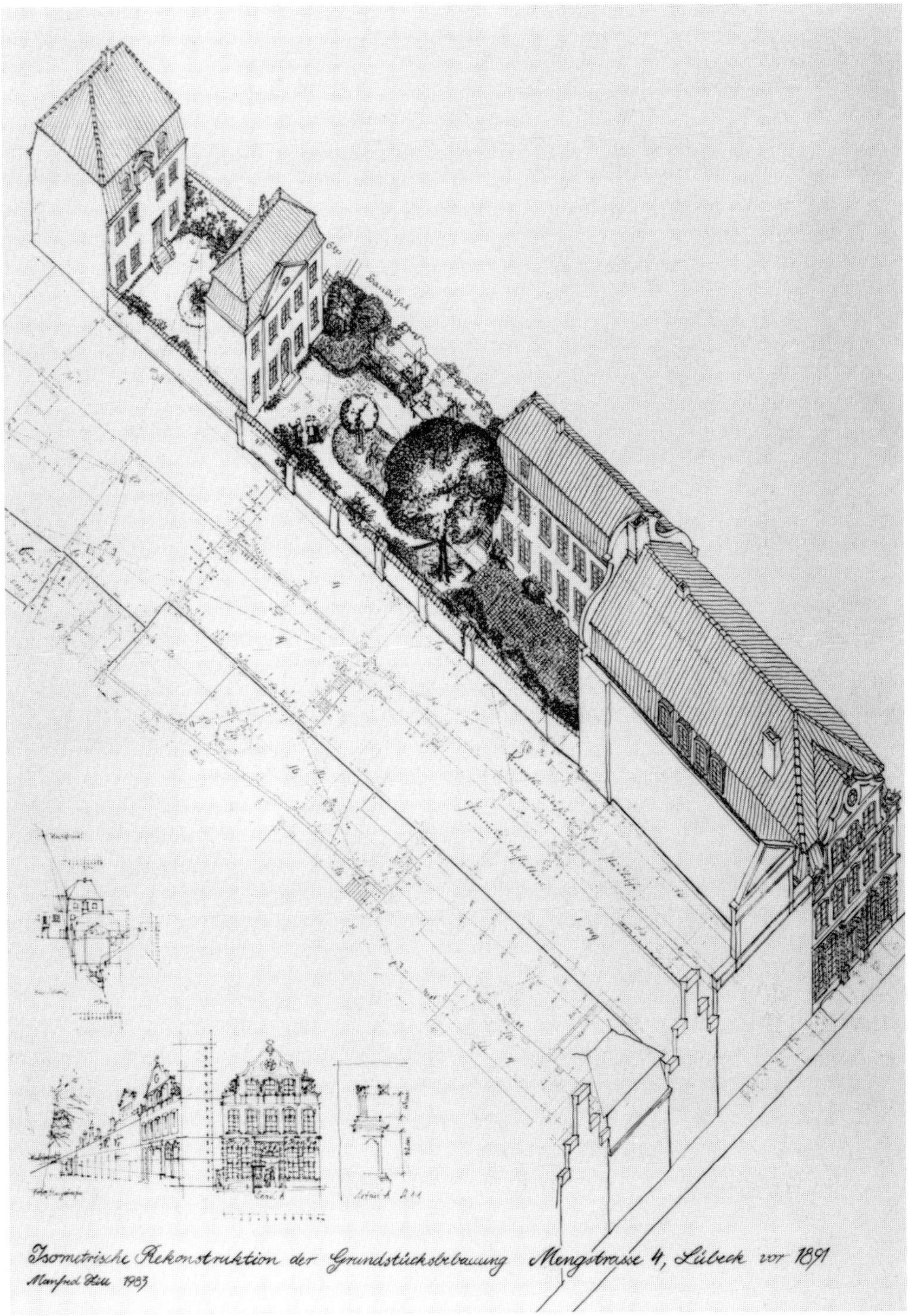

Abb. 17: Mengstraße 4: Die rekonstruierte Bebauung des Grundstücks vor 1891. Isometrische Darstellung unter Zuhilfenahme des Urkatasterplanes und des historischen Fotomaterials. – Manfred Zill, Federzeichnung, 1983.

Abb. 18: Breite Straße 48: Blick aus dem *Gartenportal* auf die Rückfront des Haupthauses. Der Garten von Mengstraße 4 mag ähnlich ausgesehen haben, wobei dort das Portal vergleichbare Architekturformen zeigte wie hier die Rückfront des Haupthauses. – Foto Ende 19. Jahrhundert.

litten, die Verkaufsbuden der Bäcker, die andere Straßenseite säumten (Abb. 19), hatten die oberen Stockwerke der Häuser kein eigentliches Gegenüber, das zählte, von dem aus man einem in die Fenster schauen konnte, denn das war die St.-Marien-Kirche, wichtigste Kirche der Stadt. Und neben ihr lag erst einmal der Kirchhof, im 19. Jahrhundert bald nicht mehr genutzt. Mengstraße 4 hatte aber mit noch mehr aufzuwarten: Im Hof und im Keller gab es *laufendes Kunstwasser*, also Anschluß an die städtische Wasserleitung, deren Wasserqualität freilich zweifelhaft war.

Das Geschilderte läßt verstehen, warum die obere Mengstraße das 19. Jahrhundert hindurch eine ungebrochene Anziehungskraft ausübte. Es waren ja auch schon so gut wie alle Häuser *modern* um- und ausgebaut: Ein stolzer Barockgiebel folgte auf den anderen, so daß bis zur Zerstörung 1942 hier die schönste und eindrucksvollste Giebelreihe des 18. Jahrhunderts stand.

In der oberen Mengstraße wohnten stets respektable, angesehene Leute, allerdings nicht unbedingt nur Kaufleute. Zur städtischen Oberschicht zählten ja traditionell auch die Gelehrten – darunter verstand man vorzugsweise Juristen – und die Geistlichen, auf jeden Fall die Hauptpastoren der fünf Hauptkirchen. So wohnte in Mengstraße 2 zeitweilig der Domsyndicus Buchholz, mit einer Schwester des damaligen Eigentümers von Mengstraße 4 verheiratet, dann sein Sohn, Carl August Buchholz (1785 bis 1843), ebenfalls Jurist und Senatssyndicus. Auf dem Wiener Kongreß (1814/15) hatte er erfolgreich die Interessen mehrerer norddeutscher jüdischer Gemeinden vertreten. Mengstraße 6 gehörte am Ende des 18. Jahrhunderts dem Senator Stephan Hinrich Behncke, dann dem Kaufmann Heinrich Wilhelm Behncke (bis 1865). Mengstraße 8, die Marienwehde, war immer Amtssitz des ersten Hauptpastors von St. Marien (Abb. III), der oft auch das Seniorat innehatte. Die obere Mengstraße bot also, mindestens zu Zeiten, einen Querschnitt durch die *bessere* Gesellschaft.

Wie die Häuser in ihrer Anlage auf den Grundstükken immer wieder dasselbe Schema aufgriffen, so folgte auch der Grundriß im Inneren bestimmten Regeln. Diese hingen mit der Nutzung zusammen, die innere Einteilung war also von daher entwickelt.

Das Lübecker Haus sollte vorzugsweise dem Kaufmann und seinen Geschäften dienen. Daher übernahmen sogar die Handwerkerhäuser weitgehend den Typus des Kaufmannshauses.

Das Vorderhaus war wohl ursprünglich überwiegend das Gehäuse für den Geschäftsbetrieb und die vorübergehende Lagerung der Waren gewesen. Zu beiden Seiten der Haustür am Gang gab es daher meist ein Kontor anstelle der früheren *Dornse* und einen wie auch immer genutzten Raum. Dahinter öffnete sich die große Kaufmannsdiele (Abb. 20), auf der die Waren kurzzeitig gelagert oder auch verpackt werden konnten. Die seitlich an der Brandmauer gelegene Feuerstelle umgab man später immer mit einer verglasten Wand und hatte somit eine Küche. In der Diele konnten ganz oder teilweise Galerien, zu denen die Haupttreppe hinaufführte, umlaufen. Ihr Zweck

Abb. 19: Die obere Mengstraße von der Breiten Straße (letztes Haus rechts) bis auf die Höhe der ehemaligen Kapelle Maria am Stegel (links, angeschnitten) mit den niedrigen Bäckerbuden (Brotlitten) davor, die den Marienkirchhof begrenzten. Mengstraße 4 ist das 4. Haus von rechts. Alle Giebel des Straßenzuges waren im Verlauf des 18. Jahrhunderts im barocken Stil umgebaut worden, mit Ausnahme von Teilen der Marienwehde, dem Amtssitz der Hauptpastoren von St. Marien (3. Haus von links).
Johann Jürgen Ernst Hörner (1809–1893), Federzeichnung vor 1834.

war es, die ersten Geschosse in Vorderhaus und Flügel miteinander zu verbinden. Dort konnten sich aber auch mit Holz- und Fensterwänden abgeteilte Kammern befinden, vorzugsweise über der Küche, weil es dort wärmer war. Hier hauste dann das Dienstpersonal, wenn man es nicht in Verschlägen unter der Haupttreppe unterbrachte . . .
Die Diele erhielt ihr Licht ausschließlich von der Rückfront. Deshalb gab es dort immer große Fenster. Schon früh konnte die Diele ein repräsentatives Aussehen erhalten, besonders aber im 18. Jahrhundert. Daher meint ein unbekannter Verfasser einer Reisebeschreibung über Lübeck im Jahr 1774:

Sinnreiche Köpfe und geschickte Baumeister haben, ohne die hohen Giebel abzubrechen, das Inwendige dieser Häuser unglaublich zur Anmut und Bequemlichkeit zu verbessern und zu verändern und die großen und weitläufigen Dielen in prächtige, durch Stukkaturarbeit und glänzendes Hausgerät hervorragende Vorplätze oder in Gemäldegalerien oder in wohleingerichtete Zimmer zu verwandeln gewußt.

Immer wieder wird erzählt, die Kaufmannswagen oder die Kutschen seien in die Dielen hinein- oder gar hindurchgefahren (z. B. *Buddenbrooks*, Teil I, Kapitel 8, und Teil III, Kapitel 13). Dies ist nur bedingt richtig, denn es ging vielfach wegen der vor dem Hause liegenden Treppen gar nicht! Andererseits war es wegen der billigen Arbeitslöhne nicht so wichtig. Die Korporation (Vereinigung) der Träger hatte beim Be- und Entladen das alleinige Privileg. Was machte es da schon aus, wenn sie vor dem Haus abluden und Säcke, Fässer, Ballen hineintrugen?
Das erste Stockwerk des Vorderhauses wurde im 18. Jahrhundert schon fast immer zu einem Wohngeschoß ausgebaut. Die darüberliegenden Geschosse blieben jedoch Speicherböden. Ganz oben im Dach hatte man ein großes Windenrad. Unter ihm öffneten sich, in jedem Boden, mit Holztüren verschließbare Luken. Mit Seilen und Hilfe der Winde konnte man durch sie die Waren von der Diele bis ganz nach oben hieven.
Das an das Haupthaus anschließende Seitengebäude, also der Flügel, diente Wohnzwecken. Wie oft beim Haupthaus war meistens auch ein Teil des Flügels unterkellert, wenn nicht alles. Man unterschied zwischen den massiv ausgeführten Gewölbe- und den vielfach niedrigeren Balkenkellern. Die Flügel fielen in ihrer Länge sehr unterschiedlich aus, je nach Größe des Grundstückes und nach Vermögen des Bau-

Abb. 20: Mengstraße 36 (Altes Schabbelhaus, 1942 zerstört): Die Diele mit Blick auf die vordere Windfangtür. Links ist vor der Säule der Treppenaufgang zu sehen, dessen einer Arm zu den Dienstbotenkammern über der Küche führt. Diese beginnt hinter der Säule. Rechts führt eine weitere Treppe zur Galerie und den Räumen des Zwischengeschosses. – Foto 1904.

herrn. Mehr als zwei Hauptgeschosse umfaßten sie jedoch höchstens ausnahmsweise. In sehr reichen Häusern mochte das Flügelerdgeschoß ausschließlich repräsentativen Zwecken dienen.

All das traf im Prinzip auch auf Mengstraße 4 zu, allerdings gab es dort in der Diele keine Galerien. Wo das Haus Mengstraße 4 aber seine Eigenarten und Besonderheiten hatte, davon werden wir an anderer Stelle hören.

Viele glauben, das Buddenbrookhaus habe bis 1942 unverändert und unbeschädigt dagestanden. Das stimmt nicht. Gleich nach dem Tod der alten Dame, der Mutter des Senators Mann, hatte man das Haus verkauft (1891). Kurz darauf sollte es in lübeckischen Staatsbesitz kommen (1893), denn man brauchte Platz für den Bau einer städtischen Markthalle, und dazu benötigte man einen Teil des Mannschen Grundstücks. So wurden einige der darauf stehenden Gebäude wie Gartenhaus und Speicher abgebrochen. Ins Haupthaus zogen städtische Ämter ein, dazu immer wieder andere Mieter. Wegen des Zusammenhangs mit Thomas Mann ist unter ihnen die Volkslesehalle (1897–99) der Gesellschaft zur Beförderung gemeinnütziger Tätigkeit besonders bemerkenswert. In der Novelle *Tonio Kröger* erzählt der Dichter:

Der Sohn des Hauses beschritt die gewaltige Treppe... Aber auf dem Treppenabsatz blieb er stehen, vorm Eingang zum Zwischengeschoß. An der Tür war ein weißes Schild befestigt, auf dem in schwarzen Buchstaben zu lesen war: Volksbibliothek. Volksbibliothek? dachte Tonio Kröger, denn er fand, daß

hier weder das Volk noch die Literatur etwas zu suchen hatten. Er klopfte an die Tür . . . Ein Herein ward laut, und er folgte ihm. Gespannt und finster blickte er in eine höchst unziemliche Veränderung hinein.
Das Geschoß war drei Stuben tief, deren Verbindungstüren offenstanden. Die Wände waren fast in ihrer ganzen Höhe mit gleichförmig gebundenen Büchern bedeckt, die auf dunklen Gestellen in langen Reihen standen. In jedem Zimmer saß hinter einer Art von Ladentisch ein dürftiger Mensch und schrieb. Zwei davon wandten nur die Köpfe nach Tonio Kröger, aber der erste stand eilig auf, wobei er sich mit beiden Händen auf die Tischplatte stützte, den Kopf vorschob, die Lippen spitzte, die Brauen emporzog und den Besucher mit eifrig zwinkernden Augen anblickte . . .
„Verzeihung", sagte Tonio Kröger, ohne den Blick von den vielen Büchern zu wenden. „Ich bin hier fremd, ich besichtige die Stadt. Dies ist also die Volksbibliothek? Würden Sie erlauben, daß ich mir ein wenig Einblick in die Sammlung verschaffe?"
„Gern", sagte der Beamte und zwinkerte noch heftiger . . . „Gewiß, das steht jedermann frei. Wollen Sie sich nur umsehen . . . Ist Ihnen ein Katalog gefällig?"
„Danke", antwortete Tonio Kröger, „ich orientiere mich leicht." Damit begann er, langsam an den Wänden entlangzuschreiten, indem er sich den Anschein gab, als studiere er die Titel auf den Bücherrücken. Schließlich nahm er einen Band heraus, öffnete ihn und stellte sich damit ans Fenster.

Die wechselnden Mieter beschleunigten wohl zunächst den inneren Verfall. Schon 1893 monierte Herr v. Mathies, der im Flügelerdgeschoß eine Steindruckerei betreiben wollte, das Fehlen von Flügeltüren. 1896 nahm man im ersten Stock alte Tapeten ab, wohl in einem der straßenseitigen Repräsentationsräume, 1898 brach man gar die Wand zwischen diesen Zimmern heraus, weil man die Gesamtfläche für die Lübeckische Staatslotterie brauchte.
1922 schienen wieder bessere Zeiten für das Haus anzubrechen. Thomas Mann war inzwischen berühmt, und man wollte auf der großen Diele die *Buddenbrook-Buchhandlung* einrichten. Zwar wurde auf diese Weise das ganze Erdgeschoß des Haupthauses hergerichtet, doch fielen dem von den Architekten Schöß & Redelstorff geplanten Umbau die ganzen historischen Einbauten im vorderen Bereich zum Opfer. Das, was bis dahin vorhanden war, wurde nicht einmal dokumentiert. Dennoch war man in etwas oberflächlicher Weise der Meinung, diese Teile der Diele seien nach altem Vorbild wiederhergestellt worden. Das traf wohl zum Teil zu. Man würde aber gerne wissen, in welchem Umfang . . .
Inzwischen ist auch all dies Vergangenheit, die Vorträge und Lesungen, an denen Thomas Mann selbst teilnahm, und das, was danach kam, denn die Buchhandlung mußte schon 1929 schließen. Das gewesene, wirkliche Haus verschwand. Das alte Gebäude und all seine Geschichten sind allein Erinnerung, eingegangen in ein Stück Weltliteratur.

Wer das Haus erbaute und bewohnte

Die Erinnerung an Vergangenes wieder wachzurufen, zumal wenn sie verschüttet wurde, ist ein besonderes Geschäft. So sind die Menschen, die einst im Hause Mengstraße 4 lebten, längst dahin, in St. Marien, auf dem Burgtorfriedhof oder gar in der Fremde begraben; niemand würde mehr ihrer gedenken und nach ihnen fragen, hätte es da nicht jemand gegeben, der einen unvergänglichen Roman mit ihrer Geschichte niederschrieb: Thomas Mann und *Buddenbrooks.*

Wie alle Manns war der Dichter stolz auf seine Vorfahren. Er trug sie in sich und malte sein eigenes Bild von ihnen, wie seine Vorstellung es ihm eingab.

Ganz streng genommen war aber das Mengstraßenhaus im eigentlichen Sinn kein altes Familienhaus, wie der Dichter glauben machen möchte, immer wieder in Generationen vererbt vom Vater auf den Sohn. In Wirklichkeit war es das Wohn- und Geschäftshaus seiner Großeltern Mann, 1848–1883 auch Sitz der Firma *Johann Siegmund Mann.*

Den Großvater hatte Thomas Mann nicht mehr kennengelernt, sondern nur die Großmutter, die geborene Marty, die *Schweizerblume* – so hieß sie in einem Gedicht zu ihrer Hochzeit – Tochter des schwerreichen Johann Heinrich Marty aus Glarus (1779–1844). Sie bewohnte bis an ihr Ende das Haus in der Mengstraße.

Die Großmutter muß eine eindrucksvolle Persönlichkeit gewesen sein, mit bleibender Wirkung, übrigens auch auf den älteren Bruder Heinrich, denn er versuchte sich ebenfalls literarisch an ihrer Gestalt:

Er sah sich als zehn- oder elfjährigen Knaben im Hause seiner alten Großmutter, in dem sogenannten Sommerzimmer, welches weniger nach seiner Aussicht . . . so benannt war, als nach den die Wände zierenden altmodischen Tapeten, auf denen die wechselnden Scenen des sommerlichen Landlebens dargestellt waren. Der kleine Erich . . . richtete seine Blicke von dem violetten Abendhimmel nach dem Muster des Claude Lorrain, der in der Reihe der Landschaften immer wiederkehrte, auf die alte Frau ihm gegenüber. In ihrem graugestreiften Seidenkleide und der Spitzenhaube, unter der ihr welkes, gütiges Gesicht hervorblickte, saß sie, ohne sich anzulehnen, gerade aufgerichtet in dem steiflehnigen Sopha von rotem Damast und kannte keine Ungeduld bei der Menge von Fragen . . . In einer Pause gewissenhaften Nachdenkens strich sie wohl mit ihrer knochigen und auch wie Knochen weißen Hand über die gleich dem Sopha rotdamastene Tischdecke hin und her . . . (*In einer Familie,* 1894, S. 69).

Die Crolls (1758–1842)

Genau besehen, war Mengstraße 4 das Familienhaus der Crolls. Da die Mutter der Großmutter, Catharina Elisabeth Marty (1782–1869), eine geborene Croll, in dem Hause aufgewachsen war, das ihr Großvater Johann Michael Croll 1758 hatte erbauen lassen, konnten schließlich Heinrich und Thomas Mann doch das in ihrer Kindheit schon weit über hundertjährige Mengstraßenhaus ein wenig als Familienhaus ansehen . . .

Johann Michael Croll (gest. 1777), der Stammvater des Lübecker Zweiges, wurde 1706 als Sohn eines Professors reformierter Konfession in Marburg geboren. 1743 lebte er bereits in der Hansestadt, handelte mit russischen Waren wie Hanf, Flachs, Talg, Juchten usw. und übernahm auch Kommissionsgeschäfte.

Als Kaufmann wohnte er in dem von den Kaufleuten noch bis ins 18. Jahrhundert bevorzugten Stadtquartier westlich der Marienkirche, in der Alfstraße. Da er wie jeder Kaufmann einem der verfassungsmäßigen Kollegien angehören mußte, war er Mitglied bei den angesehenen Novgorodfahrern, jenen Kaufleuten, die, wie es schon der Name nahelegt, vorzugsweise mit Rußland handelten. Neben seinem Handel betrieb Croll noch eine Zuckerfabrik. Solche Unternehmen waren damals im Ostseeraum neu und brachten viel Geld. Er konnte es sich daher leisten, ein eigenes, weitläufiges Anwesen in bester Lage zu erwerben und dort 1758 neu zu bauen.

Der Sohn Johann Wilhelm (1753–1807; Abb. 21)

Abb. 21: Johann Wilhelm Croll (1753–1807), Sohn des Erbauers von Mengstraße 4, war ein erfolgreicher Kaufmann, unter anderem auch Eigentümer einer Zuckerfabrik. Durch eine kluge Heiratspolitik fand er für sich und die Seinen Anschluß an die Lübecker Familien, die im 19. Jahrhundert die Führung übernehmen sollten.
Unbekannter Künstler, Miniaturzeichnung (verschollen), um 1805.

Abb. 22: Salome Croll geb. Ganslandt (1768–1817), Gattin des J.W. Croll. Sie gehörte wie ihr Mann der reformierten Konfession an. Mitglieder dieser Glaubensgemeinschaft waren seit Ende des 18. Jahrhunderts dank ihres Reichtums sehr einflußreich.

Unbekannter Künstler, Miniaturzeichnung (verschollen), um 1805.

übernahm die Handlung und brachte sie noch weiter voran. Bald gehörten ihm auch die durch einen aufsehenerregenden Konkurs frei gewordenen Kupfermühlen in Bäk, Gronenberg und Manhagen.

Mit seiner Frau Salome geborene Ganslandt (Abb. 22) – sie war seine Cousine und ebenfalls reformierten Glaubens – hatte er zehn Kinder. Sieben überlebten, sechs Töchter und der jüngste Sohn Johannes. Die Mädchen machten alle glänzende Partien, und die so mit den Crolls liierten Familien sollten im 19. Jahrhundert zu den führenden der Stadt gehören. In jenen Tagen, als so viele junge Mädchen unter die Haube zu bringen waren, sah das Haus in der Mengstraße sicherlich fröhliche Tage. Man konnte sich etwas leisten, da die Firma blühte und Ansehen genoß. In einem solchen Zusammenhang mag es am 8. Januar 1783 zu dem kleinen *Unfall* gekommen sein, von dem die Stadtzeitung, die *Lübeckischen Anzeigen*, berichtete: *Abends 10 ½ Uhr, ist beym Aussteigen aus der Kutsche in der Mengstraße vor Herrn Croll seiner Thüre das mittelste Stück von einer Flöte verlohren.* Dem Finder versprach die Anzeige, sollte er *solches im Addreßhause* abliefern, einen Speciesdukaten Belohnung! Zu einem kleinen Flötenkonzert à la Johann Buddenbrook war es wohl an jenem Abend nicht mehr gekommen.

Abb. 23: Johannes Croll (1798–1847). Mit ihm starben die Lübecker Crolls in männlicher Linie aus. Er verkaufte 1842 das Haus Mengstraße 4 an seinen angeheirateten Verwandten Johann Siegmund Mann d. J.
Unbekannter Künstler, Scherenschnitt um 1830.

Abb. 24: Louise Elisabeth Croll geb. v. Tiling, Gattin des Johannes Croll, stammte aus Großenhayn in Sachsen. Dort lernte sie ihren künftigen Mann kennen, der sich mehrere Jahre außerhalb Lübecks aufhielt. Die Hochzeit fand 1823 in Großenhayn statt. Das Paar hatte nur eine Tochter, Charlotte. Diese heiratete später einen Lübecker Vetter, Carl Hasse.
Unbekannter Künstler, Scherenschnitt um 1830.

Auch auf gute, schwere Weine verstand man sich damals. So verkaufte man am 14. November 1801 aus dem Keller des Herrn Croll, der *in Rücksicht der darinnen befindlichen vortreflichen Lagerfässer* allgemein bekannt war, *eine Parthey kleine, mittel und ganz alte Franzweine, worunter sich auch viele 1778–79ger schwere Sorten* befanden!

Johannes Croll (geb. 1798) war noch nicht einmal sieben Jahre alt, als der Vater starb. Doch auch er wurde Kaufmann und hielt sich wohl deshalb mehrere Jahre auswärts auf. So konnte der Makler J.F. Dibbern 1821–23 das Haus ganz oder teilweise mieten.

Johannes Croll (Abb. 23) heiratete 1823 in Großenhayn/Sachsen Louise Elisabeth v. Tiling (Abb. 24) und kehrte bald darauf in die Heimatstadt zurück. Hier führte er mit Erfolg die ererbte Handlung weiter und festigte seine Stellung in der Gesellschaft: Er wurde kgl. württembergischer und auch kurhessischer Konsul, in städtischen Angelegenheiten war er bürgerlicher Deputierter beim Finanzdepartement und bei der Brandassekuranz.

Da er offenbar eine schwächliche Gesundheit hatte, zog sich Johannes Croll 1842 von seinen Geschäften zurück und ging auf sein Gut Hohenholz bei Bad Oldesloe. Dort starb er 1847 an einem Leberleiden. Im Crollschen Erbbegräbnis auf dem Lübecker St.-Lorenz-Friedhof wurde er beigesetzt.

Die Manns (1842–1891)

Der Konsul Johann Siegmund Mann d. J.

(* 2. April 1797 Lübeck, † 1. Februar 1863 ebenda)

Johann Siegmund Mann junior (Abb. 25) erwarb Haus und Anwesen Mengstraße 4 von dem Onkel seiner zweiten Frau Elisabeth Marty (Zuschrift im Protokollbuch für die vier Quartiere vom 14. April 1842). Der Vorgang nimmt sich in seinem *Journal* (fol. 30/39) folgendermaßen aus:

Lübeck ult^o December 1842
22/Per Mein Wohnhaus Mengstr. 2 (heute: 4).
April 9. an J^s Croll auf die Kauf Summe v.
23.000 M exclusive Rente sowie Trimeaux etc,
ausbezlt. *3.000*
Den 31. für div. Baukosten u. Umschrifts-
kosten M 2.760.9 u. M. 239.7 *3.000*
2/Per Mobilar Conto *6.000*
für die wegen Ankauf des Hauses erstandenen
und mir anderweitig zur Möblirung desselben
angeschafften Gegenstände, meistens in
Auction zu Auctions Preisen erstanden
CM 1.778.6 *1.778.6*
Hiebey ist zu bemerken, daß mir außerdem die
Trimaux im Hause von meinem Schwieger Vater
Marty der dafür nach Taxe 1045 M an Herr
J Croll vergütete, geschenkt worden sind und
wofür ich hier nichts auswerfe
22/23 Per Mein Wohnhaus Mengstr. 2
An Joh^s Croll für den Betrag der von der
Kauf Summe v. 23 000 M nicht ausbezalten,
sondern als 1stes Pfandgeld Term. Ostern
3 ½% darin bestätigten *CM 20.000*

Der Kauf, wie er sich abspielte, darf übrigens als zeittypisch gelten: J. S. Mann bezahlte nur einen kleinen Teil der Kaufsumme, 3000 Courantmark. Der Rest, 20000 Courantmark, blieb auf dem Anwesen als erstes Pfandgeld zu 3½% stehen. Damit hatte der Verkäufer eine sichere Zinseinnahme, und darauf war es ihm wahrscheinlich auch angekommen. Der Käufer seinerseits mußte weniger Kapital aufwenden.

Der Eintrag enthält noch zwei weitere interessante Informationen: Mann ließ sich von seinem Schwiegervater, der es sich freilich leisten konnte und beispielsweise in seiner Steuerklasse, der 10. und zweithöchsten, nur einen Konkurrenten neben sich hatte, den Weinhändler J. W. Brandt, die Pfeilerspiegel (Trumeaux) im Haus bezahlen.

Solche Pfeilerspiegel, seit dem späten 18. Jahrhundert in den Repräsentationsräumen Mode, rechneten üblicherweise zum Haus. Wegen der bei ihnen verwendeten großen Gläser waren sie stets ein kostspieliger Posten und wurden daher in der Regel gesondert berechnet. Die zweite Information betrifft diverse Baukosten (2760 Courantmark). Sie dürften sich auf die Maßnahmen im dritten Stock des Vorderhauses beziehen.

Johann Siegmund Mann jun. repräsentierte die zweite Generation seiner Familie in Lübeck. Der Vater, Johann Siegmund Mann d. Ä. (1761 Rostock – 1848 Lübeck, Abb. 26), war mit 14 Jahren nach Lübeck in die Handlung des Peter Hermann Käselau am Klingenberg gekommen und hatte sich etwa 1790 *etabliert*. Dieses Jahr rechnete man später als Gründungsdatum der Firma, obwohl J. S. Mann d. Ä. erst 1794 den Bürgereid abgelegt und eigentlich erst ab da berechtigt war, eine eigene Handlung zu betreiben.

Mit einer Hamburgerin, Anna Catharina Grotjahn, verheiratet, kaufte er 1804/05 das noch heute vorhandene Haus Aegidienstraße 22 und richtete sich dort ein. Anfänglich handelte J. S. Mann d. Ä. mit Eisenwaren und Leinen, dazu trat ein Speditions-Kommissionsgeschäft. Später wurde der Handel mit Papier erweitert, ab etwa 1823/24 mit Zink, Mahagoni, Tabak und ab 1831/32 mit englischen Dachschiefern.

Das Ehepaar Mann sah bessere und schlechtere Tage. Doch *unverdrossener Fleiß verbunden mit einem vernünftig haushälterischem Leben verschafften ihnen unter Gottes Seegen ihr Auskommen und nach und nach bürgerlichen Wohlstand, deßen sie sich stets jedoch nur in höchst bescheidener Weise erfreuten da sie auch manche Stürme im Laufe des Lebens zu bestehen und den Wechsel u. den Unbestand des Irrdischen kennenzulernen, genügend Gelegenheit gehabt hatten, wie insbesondere die Kriegsjahre von 1806 bis 1814 solche in Fülle darboten,* schreibt der Sohn über die Eltern in seiner eigenen Lebensbeschreibung *Skitzen aus dem Leben von Johann Siegmund Mann*

Abb. 26: Johann Siegmund Mann d. Ä. (1761–1848) ist der erste Vertreter seiner Familie in Lübeck. Er kam aus Rostock in die Hansestadt und gründete als Kaufmann eine Handlung. Den Beginn rechnete die Familie von 1790 an. In *Buddenbrooks* erscheint J. S. Mann d. Ä. als *Johann Buddenbrook*.
Unbekannter Künstler, Pastell 1841?

◁ Abb. 25: Johann Siegmund Mann d. J. (1797–1863), Kaufmann und kgl. niederländischer Konsul. Der Großvater der beiden Dichter gab das Vorbild für den Konsul *Jean Buddenbrook* ab. Wie die Romanfigur war er ein erfolgreicher Kaufmann, der jedoch auch eine Reihe von Rückschlägen hinnehmen mußte. In durchaus zeittypischer Weise wußte er realen Geschäftssinn mit pietistischen Neigungen zu verbinden.
Foto: Hermann Linde, Lübeck um 1860.

JR. in Lübeck. Wie der Vater starb, teilt er ebenfalls mit: Der alte Mann, *obwohl bereits im 88sten Lebensjahr, erfreute sich bis dahin einer guten Gesundheit und war für sein Alter selbst ungemein rüstig, doch hatte der liebe Gott auch seinen irdischen Tagen ein Ziel gesetzt und starb derselbe am 19t März des nämlichen Jahres* (= 1848) *plötzlich am Schlagfluße da wir ihn zu einer freundschaftlichen Gesellschaft in unserm Haus erwarteten.*

Johann Siegmund Mann d. J. wurde, da die Eltern die Schulverhältnisse in Lübeck mangelhaft fanden, in eine *Pensionsanstalt* zu dem Pastor Johann Hermann Münter nach Gülzow im Lauenburgischen geschickt (bis 1806). Dann besuchte er in der Heimatstadt die v. Großheimsche Schule, danach das Katharineum. *Meine Anlagen und Fähigkeiten waren nur beschränkt, so daß ich möglichsten Fleiß anwenden mußte um nicht zurückzubleiben und es doch bis zu meinem Abgange im sechszehnten Lebensjahre nur bis Tertia gebracht hatte,* meint Mann jun. über diese Zeit.

Johann Siegmund d. J. wurde natürlich Kaufmann. 1812 kam er für vier Jahre zu den Herren Alting & Tollens in Hamburg in die Lehre. Die Eltern mußten aber die Kosten für die Ausbildung übernehmen, daher war es günstig, daß er bei dem Bruder seiner Mutter wohnen konnte. Schon damals war sein Gesundheitszustand nicht gut: *Öfters an Nervösität leidend* mußte er *nicht selten zum Arzte und zur Medizin seine Zuflucht nehmen.* Dies blieb auch weiter so während seines Aufenthalts in Holland. Dorthin ging er 1816–19, *und zwar zuförderst nach Amsterdam zu Herrn Johs Jorishen & Co als Handlungs-Commis.* Der junge Mann bewährte sich. Schon nach einem Vierteljahr erhöhte der Patron das Gehalt von 400 auf 800 Gulden. Er gab ihm Gelegenheit zu Nebenverdiensten, so daß Johann Siegmunds Einkommen nach dem dritten Jahr auf 2600 Gulden stieg. Es gab sogar Überlegungen, in Amsterdam zu bleiben. Das entsprach aber nicht den Wünschen des Vaters.

Die Heimkehr wurde in Lübeck mit einem Ball gefeiert. Dann begann die Arbeit. Mann junior blieb zunächst in einem losen Verhältnis zur väterlichen Handlung. Er half bei Geschäften und knüpfte neue an, dafür bekam er Provision, freie Kost und Logis. Auch übernahm er verschiedene Agenturen, um sich dann aber dem Exporthandel Lübecks mit den Niederlanden zu widmen. Diesem Zweck diente eine sehr erfolgreiche Reise nach Holland und Brabant (1822). Im Zusammenhang mit ihr stand ein vierwöchiger Kuraufenthalt in Bad Ems. Von dort aus reiste er nach Frankfurt/M. und kehrte dann *rheinabwärts durch das Bergische, und weiter durchs Braunschweigische über Hannover u. Lüneburg im Spätherbst nach Hause zurück.*

Nun richtete Johann Siegmund d. J. sein Augenmerk auf den Geschäftsbereich, der ihm offensichtlich besonders lag und bei dem er sich gute Chancen ausrechnete: *Von der Ansicht ausgehend, daß der Absatz derjenigen Produkte, welche Lübecks Umgegend hervorbringe als Getraide Rappsaat Häute u Felle Wolle, Oel, Oelkuchen, Knochen u.s.w. das natürlichste und nachhaltigste Geschäft meiner Vaterstadt sei, wandte ich mich neben dem Commihsions Handel im Allgemeinen vorzugsweise und in's besondere jener Branche umsomehr zu, als bis dahin nur noch sehr wenige darauf gekommen waren und somit Raum und Gelegenheit genügend dazu vorlagen,* legt er seine Meinung dar.

Mit dem Reingewinn von 1421 Courantmark 8 Schilling 6 Pfennig war der Sohn so erfolgreich, daß ihn der Vater ab 1. Januar 1823 als Compagnon ins Geschäft nahm mit einem Drittel Anteil an Gewinn und Verlust.

Johann Siegmund Mann jun. war jetzt fest etabliert und konnte daran denken, einen Hausstand zu gründen. Als aktiver Kaufmann trat er vorschriftsmäßig einem Kaufmannskollegium, den Bergenfahrern, denen auch der Vater angehörte, bei. Am 27. Juli 1824 erwarb er das Lübecker Bürgerrecht.

Im nächsten Jahr (9. Juni 1825) heiratete er. Seine Wahl fiel auf die zweite Tochter des damaligen Senators und späteren Bürgermeisters Thomas Günther Wunderlich, Teilhaber der größten Weinhandelsfirma am Platze. Diese Ehe mit Emilie Wunderlich, *mit welcher ich denn auch in einer höchst beglückten und von fünf (2 Knaben u 3 Mädchen) Kindern geseegneten Ehe Neun der köstlichsten Jahre meines Lebens durchwallt habe,* war nach diesen seinen eigenen Worten sehr glücklich. *Nach dem fünften Kindbette aber wurde mir diese geliebte Lebensgefährtin nach Gottes Rathschluß (1833) durch den Tod entrißen. Ein Töchterchen, das älteste war in deßen fünften Lebensjahre der Gattinn schon vorausgegangen, und es folgten die beiden andern der geliebten Mutter alsbald nach, demnach mir nur die zwei Knaben aus dieser Ehe verblieben.* (Abb. 27, 28), schrieb Johann Siegmund Mann später in seinen *Skitzen.* Thomas-Mann-Kenner merken hier sofort auf. Diese Zeilen waren es, die der Dichter in *Buddenbrooks,* Teil II, Kapitel 1, in Erinnerung hatte:

Abb. 27: Friederike Emilie Mann geb. Wunderlich (1806–1833), erste Ehefrau Johann Siegmund Manns jun., auf dem Totenbett. Sie war die Tochter des Weinhändlers, Senators und Bürgermeisters Thomas Günther Wunderlich. Die Verbindung mit ihr war offensichtlich eine Liebesheirat. Davon zeugen erhaltene Liebesbriefe und die autobiographischen Skizzen ihres Mannes.
Theodor Rehbenitz (1791–1861), Bleistiftzeichnung 1833.

Der Konsul schlug die Blätter auf, die stärker und rauher waren als das Papier, das er selbst hineingeheftet, (...) Ja, Johann Buddenbrook mußte diese erste Gattin, die Tochter eines Bremer Kaufmannes, in rührender Weise geliebt haben, und das eine, kurze Jahr, das er an ihrer Seite hatte verleben dürfen, schien sein schönstes gewesen zu sein. „L'année la plus heureuse de ma vie", stand dort, mit einer krausen Wellenlinie unterstrichen, auf die Gefahr hin, daß Madame Antoinette es las . . . Dann aber war Gotthold gekommen, und das Kind hatte Josephinen zugrunde gerichtet . . . Wunderliche Bemerkungen standen, was dies betrifft, auf dem rauhen Papier.

Abb. 28: Paul Günther Wilhelm, Annette Friederike (gest. 1836) und Johann Siegmund (von links nach rechts), die Kinder Johann Siegmund Manns jun. aus erster Ehe mit Emilie Wunderlich.
Mit den beiden Knaben gab es später Probleme, vor allem mit dem Ältesten Johann Siegmund, dem *Gotthold* in *Buddenbrooks.* Die Wirtschaftskrise von 1857 brachte seine kurz zuvor eröffnete eigene Handlung in Schwierigkeiten, da J. S. Mann Sohn – so nannte er sich im Unterschied zum Vater – seine Gläubiger nicht befriedigen konnte.
Theodor Rehbenitz (1791–1861), Bleistiftzeichnung (verschollen), um 1830.

Nach dem Tod der Gattin engagierte Mann zur Versorgung des Haushaltes und der Kinder die Tochter des verstorbenen Organisten an St. Jacobi. Er selbst weitete seinen gesellschaftlichen Verkehr mit Lübekker Familien aus und lernte dabei Elisabeth Marty näher kennen und wohl auch lieben. Am 30. August 1837 fand die zweite Hochzeit statt.
Geschäftlich blieb Johann Siegmund Mann d. J. überwiegend erfolgreich. Das spiegeln auch die vielen bürgerlichen *Bedienungen* wider, in die man ihn berief. Nacheinander gehörte er folgenden Institutionen an oder war an ihrer Leitung beteiligt: Finanz-Departement, Commerz-Kollegium, Kaufmanns-Dröge, Rechnungs-Revisions-Deputation, St.-Annen-Armen- und -Werkhaus, Kaufleute-Schützenhof, Zentral-Armen-Deputation, Heiligen-Geist-Hospital. 1848 wählte man ihn in die Bürgerschaft, das Parlament des Stadtstaates.
Gesellschaftlichen Glanz brachte die Übertragung des Kaiserlich-Brasilianischen Vicekonsulats. Obwohl ihm dies die Befreiung vom Bürgermilitär ermöglicht hätte, wollte er doch *die Erfüllung bürgerlicher Pflichten dem eignen Geschäft wie dem Dienste fremder Monarchen nicht nachsetzen.* 1845 wurde er Nachfolger seines verstorbenen Schwiegervaters Marty als kgl. niederländischer Konsul. Dies war sozusagen der historische Augenblick, in dem *Konsul Buddenbrook* die Bühne betrat.

Abb. 29: Elisabeth Amalie Hippolithe Haag geschiedene Elfeld geborene Mann (1838–1917), die *Tony* in *Buddenbrooks.* Das hübsche Mädchen genoß die für damals typische Erziehung einer höheren Tochter, die sie indessen kaum auf die Widrigkeiten ihres Schicksals vorbereiten konnte. Von ihrem ersten Mann, den sie gegen ihren Willen heiratete, wurde sie 1860 geschieden. Die zweite Ehe dauerte von 1866 bis 1881.
Foto: Maler Buchner, Stuttgart, um 1866/70.

Konsul Mann und seine Frau machten damals ein sehr großes Haus und hatten jeden Donnerstag Empfang, berichtete später die älteste Tochter Elisabeth (*Erinnerungen aus meinem Leben,* 1908), die Tony in *Buddenbrooks* (Abb. 29). Der Vater habe nämlich die Verpflichtung gehabt, *viele junge Holländer die damals in Lübeck auf der Handelsakademie sich befanden, bei sich aufzunehmen.* Die Tochter wurde dagegen in eine Pension gegeben, *um nicht durch die viele Geselligkeit zu sehr zerstreut zu werden* und um noch die letzten Jahre ihrer Erziehung gut auszunutzen.
Dieses gesellschaftliche Leben fand bereits in dem 1842 erworbenen Haus Mengstraße 4 statt. Davor hatte der Konsul das schöne und elegante Haus Pferdemarkt 7, das dem Teilhaber und Schwager seines Schwiegervaters Wunderlich, Jacob Wilhelm Brandt, gehörte, bewohnt.
Trotz des zeitweilig stark gesellschaftlich geprägten Lebens des Ehepaars Mann dürfte sich ihr Haushalt sonst kaum von dem anderer gutsituierter lübeckischer Kaufmannsfamilien unterschieden haben. 1845 bestand z.B. der Haushalt aus zehn Personen: das Ehepaar, zwei Söhne erster Ehe – der älteste, Siegmund, ist abwesend – drei Kinder zweiter Ehe. Als dienstbare Geister gab es: die Köchin, die Amme aus Mecklenburg und die *Hausmamsell* Ida Buchwaldt. 1851 waren es immer noch zehn Personen, aber in etwas veränderter Zusammensetzung.
1857 war der Älteste, Johann Siegmund (Abb. 30) – er setzte zur Unterscheidung hinter seinen Namen *Sohn* – aus dem Haushalt ausgeschieden, denn er hatte sich schon vorher als selbständiger Kaufmann in der Firma *Mann & Lilienthal* etabliert. Auch Tochter Elisabeth verließ in jenem Jahr ihr Vaterhaus, da sie Ernst Elfeld alias Bendix Grünlich heiratete. Allmählich wurde die Kernfamilie kleiner.
Johann Siegmund Mann jun. war sein Leben lang von schwächlicher Gesundheit. Er mußte daher immer wieder *die Kur gebrauchen,* so 1852 in Obersalzbrunn und Franzensbrunn, 1853 in Bad Ems und Baden-Baden, 1855 in Wildbad, 1856 im Juli in Bad Harzburg im Zusammenhang mit einer Reise ins Bergische nach Elberfeld, Köln, Neuss, Frankfurt und Braunschweig. 1857 ging die Reise in die Schweiz (Zürich, Bern, Glarus), um Martysche Verwandte aufzusuchen und um in Stachelberg zu kuren. 1858 wurde abermals eine Reise in die Schweiz

Abb. 30: Johann Siegmund Mann (1827–1884), der älteste Sohn von J.S. Mann jun. aus erster Ehe, übernahm nach dem Tod des Vaters das kgl. niederländische Konsulat, wie es in *Buddenbrooks,* Teil V, Kapitel 4 geschrieben steht. Anders als in diesem Roman ging das Vorbild für *Gotthold Buddenbrook* jedoch keineswegs eine Mesalliance ein oder erheiratete einen Laden. Vielmehr ehelichte er die Tochter Auguste des angesehenen und wohlhabenden Senators Jacob Behrens, der 1840 sein repräsentatives Haus Königstraße 5 für den Empfang des dänischen Königspaares zur Verfügung stellte. – Foto um 1880.

in Gesellschaft mit der jüngsten Tochter Olga und mit der Pflegetochter Caroline Boheim unternommen. Man besuchte Zürich, als das große Sängerfest dort stattfand, und Basel. Hier wohnte man dem großen Fest der Missionsgesellschaft, der Bibelgesellschaft und der Freunde Israels bei, von dem alle einen *reichen Genuß* hatten, wie der Konsul in seinen *Skitzen* versicherte. 1859 ging es wieder nach Bad Wildbad, und von dort nach vierwöchigem Aufenthalt über Amsterdam, wo der älteste Sohn aus zweiter Ehe bei Henkelern & Nollenhoven als Commis in Condition gegangen war, wieder nach Hause.

Die letzte Badereise ist für den Sommer 1860 überliefert. Sie führte in die Schweiz, nach Ragatz, doch wurde auch Zürich besucht. Die Rückreise ging über den Bodensee/Friedrichshafen, Stuttgart, Frankfurt. Am 4. September langte man wieder in Lübeck an. Die Badereisen waren demnach gleichzeitig ausgedehnte Urlaubsreisen. Sie führten aber offensichtlich nie nach Italien oder nach Frankreich/Paris, wie es der *Buddenbrook*-Roman vermuten läßt.
Die Krankheit, die den Konsul sein Leben lang begleitete und immer wieder aufflackerte, betraf wohl seine Atemorgane. Als Todesursache attestierte der behandelnde Arzt, Dr. med. A. Chr. Gütschow, Lungentuberkulose. Bereits Monate vor seinem Tod war Johann Siegmund Mann so krank, daß er in einem am 13. Dezember 1862 ausgestellten Kontrakt die Nachfolge im Geschäft seinem Sohn Thomas Johann Heinrich übergab. Als Teilhaber sollte der langjährige Prokurist der Firma, Georg Thorbahn (Abb. 31), eintreten. Während seiner letzten Krankheit pflegte ihn die Tochter Elisabeth, in der Zwischenzeit geschieden und wieder zu Hause lebend, in hingebungsvoller Weise.
Johann Siegmund Mann jun. hatte seine kaufmännische Laufbahn mit einem Startkapital von 10 350 Courantmark 8 Schilling begonnen. Als er diese Welt verließ, berechnete man sein Vermögen auf 215 000 Courantmark.

Die Konsulin Elisabeth Mann geb. Marty
(*7. August 1811 in Lübeck. †6. Dezember 1890 ebenda)

Die historische Gestalt der Konsulin Mann (Abb. 32) ist weniger faßbar als die ihres Mannes. Da Selbstzeugnisse und andere Quellen fehlen, sind wir bei ihr hauptsächlich auf das angewiesen, was die älteste Tochter Elisabeth über sie berichtet. Hinzu kommt ein Brief der Enkelin Julia Mann an ihren Bruder Thomas (1897). In ihm mögen noch Erinnerungen aus der Kindheit mitschwingen, im wesentlichen werden seine Mitteilungen jedoch auf Nachforschungen bei Verwandten beruhen. Dabei dürfte es nicht erstaunen, daß die Zeilen Julia Manns die Konsulin in mancher Hinsicht kritischer sehen als die von Kindesliebe diktierten Erinnerungen der Tochter.
Julia Mann läßt durchblicken, daß die Ehe der Großeltern aus Vernunftgründen geschlossen wurde und möglicherweise eine der üblichen Konventionsehen war, die durchaus dauerhaft in gutem, gegenseitigem Einvernehmen geführt wurden. Dagegen schreibt die Tochter: *Unsere lieben Eltern lebten in sehr glücklicher harmonischer Ehe. Nie haben wir Kinder etwas gesehn und gehört, was unser Ohr hätte verletzen können, nur die reinste und schönste Rückerinnerung steht vor meiner Seele.*

◁ Abb. 31: Georg Thorbahn, Prokurist in der Firma *Johann Siegmund Mann*. Johann Siegmund Mann jun. bestimmte im Vertrag zur Übergabe seiner Handlung an den Sohn kurz vor seinem Tod Thorbahn zum Teilhaber. In *Buddenbrooks* entspricht ihm der Stellung nach *Friedrich Wilhelm Marcus*.
Foto: Hermann Linde, Lübeck, um 1860.

Abb. 32: Elisabeth Mann geb. Marty (1811–1890), die *Konsulin Elisabeth* (Bethsy) *Buddenbrook geb. Kröger*, stammte aus sehr wohlhabenden Verhältnissen und war wohl ein wenig kapriziös. In späteren Jahren entwickelte sie frömmlerische Neigungen. Heinrich und Thomas Mann haben ihre Großmutter noch kennengelernt.
Foto: Hermann Linde, Lübeck, um 1860.

Abb. 33: Thomas Johann Heinrich Mann (1840–1891), Kaufmann und Senator, Vater von Heinrich und Thomas Mann, in jüngeren Jahren. – Foto: Hermann Linde, Lübeck, um 1860/70.

Abb. 34: Friedrich Wilhelm Lebrecht Mann (1847–1926), das Vorbild für *Christian Buddenbrook*. Der jüngste Bruder des Senators, Onkel der beiden Dichter, wurde Kaufmann, war aber zu unstet, um im herkömmlichen Sinn erfolgreich zu sein. Er starb in der Heilanstalt Strecknitz. – Foto um 1865.

Elisabeth Mann, die Konsulin, hatte für die beiden überlebenden Knaben, Johann Siegmund (1827 bis 1884) und Paul Günther (1830–1901), aus der ersten Ehe ihres Mannes und für ihre eigenen Kinder, von denen der kleine Johannes zweijährig gestorben war, zu sorgen und ihnen eine gute Mutter zu sein. Das ging offenbar nicht ganz reibungslos. Johann Siegmund hatte wohl gegenüber seiner Stiefmutter Vorbehalte und warf ihr vor, sie beeinflusse den Vater zu seinem Nachteil. Aber auch die eigene, älteste Tochter Elisabeth Amalie Hippolithe (1838–1917), die sich später zweimal unglücklich verheiraten sollte, hatte Julia Mann zufolge Probleme mit ihrer Mutter. Von Schwierigkeiten mit dem Ältesten, Thomas Johann Heinrich Mann (1840–1891. Abb. 33), dem Jüngsten, Friedrich Wilhelm Lebrecht (1847–1926. Abb. 34), und Olga Maria (1845–1886. Abb. 35), der jüngeren Tochter, hören wir dagegen nichts.

Die Konsulin war in sehr wohlhabendem Hause großgeworden. Der Vater, Johann Heinrich Marty (Abb. 36), ein Schweizer, der mit 26 Jahren nach Lübeck gekommen war und durch seine Verbindung mit den Crolls, einer der angesehensten Familien der Stadt, den ersten Grund zu seinem späteren, ausgedehnten Geschäft gelegt hatte, führte dieses mit Umsicht und zu glücklichem Erfolg, wie es in einem Nachruf heißt. *Practischer Sinn, auf Erfahrungen gegründet, Liberalität und rascher Entschluß zeichneten ihn im kaufmännischen Leben aus und waren nicht ohne günstigen Einfluß auf den Gang seiner Geschäf-*

Abb. 35: Olga Maria Sievers geb. Mann (1845–1886) ist das Vorbild für *Clara Buddenbrook*. Sie heiratete den aus Lübeck stammenden Kaufmann Gustav Sievers in St. Petersburg.
Foto: Hermann Linde, Lübeck, um 1870.

Abb. 36: Johann Heinrich Marty (1779–1844), Vater der Konsulin Mann und Vorbild für den à-la-Mode-Cavalier *Lebrecht Kröger* in *Buddenbrooks,* stammte aus Glarus in der Schweiz. Über seine Frau Catharina Elisabeth geb. Croll fand er Einstieg in die ersten Lübecker Kreise. Ernst Gotthilf Bosse (1785–1862), Miniatur um 1810.

te. In seinem Hause herrschte Gastfreiheit, in dem Umgange mit ihm Zwanglosigkeit. Offen von Character, war er zugänglich für Jedermann, und der Uebergang aus den sehr beschränkten Verhältnissen seiner Jugendzeit zu späterem Wohlstande und bürgerlichem Ansehen hatte die Merkmale dieses Characters nicht verwischt. Daß Marty vielleicht nicht einen einzigen Feind hinterließ, wurde ausdrücklich betont.

So mag denn Elisabeth Marty, beeinflußt von ihrer Herkunft, ein wenig kapriziös gewesen sein, an gesellschaftliches Leben und einigen Luxus gewöhnt, besaßen die Eltern doch außer dem schönen Stadthaus noch ein Sommerhaus im Garten vor dem Burgtor zu all den anderen angenehmen Dingen des Lebens. Thomas Mann zeichnete daher sicherlich auch für die historische Konsulin ein zutreffendes Bild, wenn er sie, die er ja noch als alte Dame erlebt hatte, folgendermaßen beschrieb:

Sie war, wie alle Krögers, eine äußerst elegante Erscheinung, und war sie auch keine Schönheit zu nennen, so gab sie doch mit ihrer hellen und besonnenen Stimme, ihren ruhigen, sicheren und sanften Bewegungen aller Welt ein Gefühl von Klarheit und Vertrauen. Ihrem rötlichen Haar, das auf der Höhe des Kopfes zu einer kleinen Krone gewunden und in breiten künstlichen Locken über die Ohren frisiert war, entsprach ein außerordentlich zartweißer Teint mit vereinzelten kleinen Sommersprossen. Das Charakteristische an ihrem Gesicht mit der etwas zu langen Nase und dem kleinen Munde war, daß zwischen Unterlippe und Kinn sich durchaus keine Vertiefung befand. Ihr kurzes Mieder mit hochgepufften Ärmeln, an das sich ein enger Rock aus duftiger, hellgeblümter Seide schloß, ließ einen Hals in vollendeter Schönheit frei, geschmückt mit einem Atlasband, an dem eine Komposition von großen Brillanten flimmerte. (*Buddenbrooks*, Teil I, Kapitel 1).

Die sicherlich einfachere und schlichtere Lebensart der Familie ihres Mannes mag der geborenen Marty nicht ohne weiteres zugesagt haben. Doch bald nahm sie ja selbst das gesellschaftliche Szepter in die Hand. Trotzdem, gegenüber den Kindern bestand sie auf Disziplin und Einfachheit. Tochter Elisabeth berichtet:

Eitelkeit wurde mit uns Kindern durchaus nicht getrieben, wir wurden sehr einfach gekleidet, um frei und froh spielen zu können. Spazieren geführt wie in der modernen Zeit wurden wir nie. Wir hatten in Garten und Hof Beschäftigung und Bewegung die Fülle, unsere lieben guten Eltern gönnten uns jede erlaubte Freude. Meine Brüder durften sich Thiere halten, wie Kaninchen, Tauben usw. was uns allen viel Freude gewährte. Dafür wurde von den Kindern *unbedingter Gehorsam . . . verlangt und gegeben. Niemals wären wir zu Bette gegangen, ohne herzlich unsere Mutter um Verzeihung gebeten zu haben wenn wir unartig gewesen wären.*

Beide Eltern waren fromm, besonders aber wohl die Mutter: *Die Biebel war ihr liebstes Buch. Die Feier ihrer Sonntage waren ein Beispiel für jedes Christenhaus, wenn sie von ihrem Kirchgang heimkehrte, versammelte sie ihre Sonntagsschulkinder um sich deren Anzahl oft auf 40 kleine Mädchen stieg. . . . meine Mutter freute sich immer wenn arme Leute ihr die Kinder zuführten. Sie hielt eine große Anzahl bester*

Bücher für sie die sie mit nach Hause nehmen durften, damit auch die Eltern gute Bücher auf diese Weise in die Hand bekämen und manch gutes Resultat hatte sie die Freude zu sehn. Zu Weihnachten war dann eine hübsche Bescherung für die Kinder . . .
Die Mutter war eine grosse Missionsfreundin, förderte wo sie nur konnte dieses Werk. Jeden Freitag hatte sie in ihrem Hause Missionsabend wo für die Haiden Kinder genäht und gestrickt wurde. Dieser Abend wurde stets recht gut besucht. Die Hütten der Armen, Kranken und Unglücklichen besuchte meine Mutter treu, auch ansteckende Krankheiten schreckten sie nicht von diesen Besuchen ab. Stets hatte sie eine offne Hand für die Noth ihrer Brüder, trocknete gern die Thränen der Bedrängten. An jedem Mittwoch wurde für eine größere Anzahl armer Familien gekocht, wo meine Mutter es sich zur besonderen Freude machte, die Portionen selbst auszutheilen. Die beiden unverheiratheten Enkelinnen des alten Wandsbecker Boten Mathias Claudius waren die ganz besonderen Freundinnen unserer Mutter, weil ihre Ansichten so ganz mit den ihrigen zusammen stimmten.

Die wachsende Frömmigkeit und die pietistischen Neigungen kamen und verstärkten sich gewiß mit den vorrückenden Jahren. Auch mochte sich hier ein Einfluß ihres Mannes, der immer zu einer solchen Haltung tendiert hatte, durchsetzen, besonders vielleicht nach dessen Tod.
Was die Großmutter ihren Enkeln bedeutet haben mag, vor allem den beiden, die Schriftsteller und Dichter wurden, darüber mag man wohl nachdenken. Sie hat ihnen jedenfalls einen unauslöschlichen Eindruck hinterlassen. Ob sie ihnen so etwas wie eine Sagengestalt aus ferner Vergangenheit war, selber voller Geschichten, von solchen, die sie selbst erlebt hatte, und von solchen, die sich um das alte Haus in der Mengstraße und seine Vorbesitzer rankten? Einer der Enkel setzte ihr jedenfalls ein unsterbliches Denkmal in einem Stück Weltliteratur.
In Vorsorge für ihr zeitliches Ende verfaßte die Konsulin 1885 ihr Testament. Ganz im Einklang mit der frommen Haltung ihrer letzten Jahre vermachte sie darin der evangelisch-reformierten Kirche 3000 Courantmark, welche Summe sie sorgfältig zu je 1000 Courantmark für den Pastorats-Pensionsfond, den Armenfond und die allgemeine Gemeindekasse aufteilte. Außerdem erbte die Evangelische Missionsgesellschaft in Basel und Barmen je 600 Courantmark (für die Kinder der Missionare), das hiesige Rettungshaus 2000 Courantmark. Schließlich setzte sie zweimal 500 Courantmark aus, deren Zinsen einer hilfsbedürftigen frommen Witwe der St.-Marien-Gemeinde beziehungsweise der von St. Jacobi regelmäßig bis ans Lebensende am heiligen Christabend ausgezahlt werden sollten. Auch sollte für die beiden Witwen jeweils ein Neues Testament angeschafft werden, *welches der ersten Empfängerin der Legate . . . in meinem Namen zu überreichen ist mit der herzlichen Ermahnung, dasselbe fleißig zu gebrauchen.* Nach dem Tode der Empfängerin sollte *dasselbe auf ihre Nachfolgerin übergeben oder sobald nöthig aus den Zinsen neu angeschafft werden.*
Die Konsulin starb am 6. Dezember 1890 vormittags 9 Uhr. Die Todesursache war eine Lungenentzündung, wie es der Dichter im *Buddenbrook*-Roman beschreibt.

Eigentümer und Bewohner nach 1891

Die Erben der verstorbenen Konsulin Elisabeth Mann mögen von Anfang an den Verkauf des Mengstraßenhauses in Erwägung gezogen haben. Der Firmenchef, Senator Thomas Johann Heinrich Mann (Abb. 37) war ja schon nach seiner Hochzeit (1869) mit Julia da Silva-Bruhns aus dem Elternhaus ausgezogen, zuerst *um die Ecke*, in die Breite Straße (Nr. 38), das zweite Haus vor der Beckergrubenecke (Abb. 38), dann ab 1882 in die Beckergrube 52. Hier stand das neue, prächtige Wohnhaus, hierhin siedelte auch die Firma *Johann Siegmund Mann*, Getreidehandlung, über. Was sollte da noch das alte Haus?
Wahrscheinlich wußte schon der Senator von den städtischen Plänen, in der oberen Mengstraße eine Markthalle zu errichten. Dies Vorhaben, dem er sich kaum hätte verweigern können, hätte das Grundstück in der Mengstraße stark eingeschränkt. Andererseits wurde das vorhandene Areal mit einer Markthalle am besten ausgenutzt. Also verkaufte man an die Versicherungsfirma Boldemann & Deekke (1891). Der Vollzug geschah tragischerweise acht Tage vor dem Tod des Senators.
Thomas Johann Heinrich Mann hatte die Firma in dritter Generation geleitet und sie zu ihrer größten Blüte gebracht. Ähnliches gilt für die Familie: Indem

Abb. 37: Senator Thomas Johann Heinrich Mann (1840–1891), Chef der Getreidehandlung *Johann Siegmund Mann,* Vater der beiden Dichter Heinrich und Thomas Mann. In *Buddenbrooks* diente er der Gestalt des *Thomas* als Vorbild. – Foto um 1890.

der tatkräftige und erfolgreiche Kaufmann Mann zum Senator gewählt wurde, hatte er für sich und die Seinen die höchste gesellschaftliche Anerkennung und Ehre der Stadtrepublik Lübeck errungen. Der Weg führte nicht mehr weiter. Der Senator verfügte testamentarisch die Liquidation der Firma.
1893 befand sich das Mengstraßenhaus im Eigentum des Lübeckischen Staates und in Händen der Behörden für städtische Gemeinde-Anstalten. Im hinteren Grundstück wuchs die Markthalle empor, die auch das Nachbargrundstück beanspruchte. In das Haupthaus an der Straße zogen in der Folgezeit die unterschiedlichsten Mieter ein.

Abb. 38: Die Westseite der Breiten Straße zwischen Beckergrube und Oberer Mengstraße. Das zweite Haus von rechts bezog Thomas Johann Heinrich Mann nach seiner Heirat mit Julia da Silva-Bruhns (1869). Es ist das Geburtshaus von Heinrich Mann (geb. 27. März 1871). Heute erinnert daran ein in der Nähe stehender Gedenkstein. Das Haus selbst ist verschwunden. – Foto 1868.

Abb. I: Die obere Königstraße zwischen Glockengießer- bzw. Pfaffenstraße und Koberg. Dieser Straßenzug gehörte bis um 1900 zu den vornehmsten und modernsten Wohnbereichen. Das Gebäude links mit dem hervortretenden Mittelteil und dem Dreiecksgiebel ist die Reformierte Kirche, das, von ihr aus gerechnet, dritte Haus mit den Vasen auf der Dachbalustrade war das Wohnhaus der Martys, der Urgroßeltern von Heinrich und Thomas Mann.
Das Gebäude mit den aufragenden Dachfiguren auf der rechten Straßenseite ist das Behnhaus, das anschließende langgestreckte das Drägerhaus. Im Hintergrund sieht man Türmchen und Dachreiter des Heiligen-Geist-Hospitals.
Wilhelm Stoeltzner (1817–1868), Kolorierte Lithografie 1857.

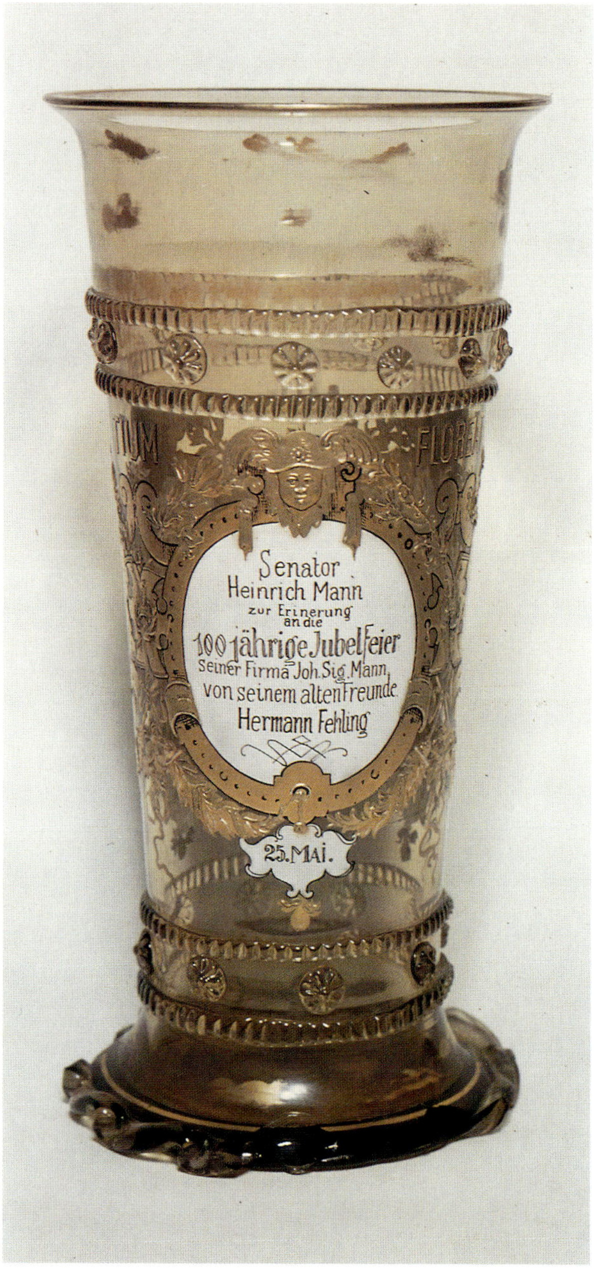

Abb. II: Großer Glasbecher mit Emailmalerei und Widmungsinschrift, Geschenk von Konsul Hermann Wilhelm Fehling, *Konsul Hermann Hagenström* in *Buddenbrooks,* an Senator Mann anläßlich des 100jährigen Jubiläums der Firma *Johann Siegmund Mann* am 25. Mai 1890. – Höhe 28 cm.

▷ Abb. III: Pastor Dr. J. A. L. Funk und seine Familie am Teetisch im Wohnzimmer seines Amtssitzes, der Marienwehde, Mengstraße 8. Pastor Funk gab nach Meinung vieler Lübecker das Vorbild für Pastor *Wunderlich* in *Buddenbrooks* ab. Lange Jahre war er Nachbar der Manns. Im Gegensatz zu vielen Mitbürgern vermied er Aufwand und Luxus und befleißigte sich eines zurückhaltenden Lebensstils, um als Vorbild glaubhaft zu sein. Das wird auch an der betont schlichten Zimmereinrichtung deutlich. Nur ein religiöser Kupferstich schmückt die kahlen Wände, wenn man von den beiden Pfeilerspiegeln absieht.
Wilhelm Stoeltzner (1817–1868), Aquarellzeichnung 1850.

▷ Abb. IV: Mengstraße 4: Die Haupttreppe in der Diele. Das Bild ist die einzige historische Farbaufnahme. Die Wahl von verschiedenen Grün- und Grautönen für die Fassung der Paneele und des Treppengeländers mag auf Befunden beruht haben, jedenfalls war sie gut gewählt und entsprach dem Geschmack der Zeit um 1760.
Reproduktionsfoto aus: O. Lauffer, *Die Hansestädte in Farbenphotographie,* Lübeck, Berlin 1928.

Abb. V: Schloß Schwetzingen: Das Schweizerzimmer (Raum 216) mit der Panoramatapete *Les vues de Suisse,* 1804 bei Zuber in Rixheim/Elsaß im Mehrfarbendruck hergestellt. Der Tapetendruck nahm seit Ende des 18. Jahrhunderts einen großen Aufschwung. Führend waren Firmen in Paris und im Elsaß. Sehr beliebt wurden im ersten Drittel des 19. Jahrhunderts vor allem die Landschaftstapeten. Mehrfache Lieferungen von *Les vues de Suisse* und der später noch herausgebrachten Varianten nach Lübeck sind archivalisch bezeugt (vgl. auch Abb. VIII). – Foto 1993.

Abb. VI: Tapete *Les vues de Suisse* (1804; Schloß Schwetzingen), Detail: Schäfer und Schäferin. Die Tapete wurde im Holzschnitt-Verfahren hergestellt, deshalb die kräftigen Farben. – Thomas Mann könnte eine solche Gruppe bei seiner Beschreibung des Landschaftszimmers von Mengstraße 4 in Erinnerung gehabt haben. – Foto 1993.

Abb. VII: Tapete *Les vues de Suisse* (1804; Schloß Schwetzingen), Detail: Hirten mit ihrer Herde. Auch diese Szene paßt gut zu Thomas Manns Beschreibung des Landschaftszimmers. – Foto 1993.

Abb. VIII: Königstraße 11 (Behnhaus): Das Frühstückszimmer im ersten Stock des Flügels, Entwurf Joseph Christian Lillie (1760–1827), 1807, für den Senator und späteren Bürgermeister Mattheus Rodde (1754–1825). Rodde kaufte das Haus als standesgemäßen Wohnsitz für seinen Sohn und ließ es teilweise neu ausbauen und einrichten. Die Landschaftsdarstellungen im Frühstückszimmer waren der Tapete *Les vues de Suisse* (1804) (s. Abb. V) entnommen. Sie wurden 1985 rekonstruiert. – Foto 1985.

Abb. IX: Mengstraße 33–35: Die Kontorräume bei Schwarzkopf & Cabell. Der Wachstum des Handels und die Erweiterung des Geschäftsbetriebes im Lauf des 19. Jahrhunderts wirkten sich auch massiv auf die alten Wohnbauten aus. Meistens versuchte man, alles noch im alten Haus unterzubringen, bevor man einen Neubau ins Auge faßte. So verwandelte Schwarzkopf & Cabell die einstigen Repräsentationsräume im Erdgeschoß des Flügels in Kontorräume.
Victor Zeppenfeld (1834 bis nach 1883), Ölgemälde 1871.

Das Haus und seine Räume: Bau-, Kunst- und Kulturgeschichte

Baugeschichtlicher Überblick

In der Altstadt von Lübeck gibt es kaum ein Gebäude, das nicht irgendwie in Teilen ins Mittelalter hinabreicht. Das gilt auch für das Haus Mengstraße 4. Trotz der Zerstörung im 2. Weltkrieg blieb ja die Fassade stehen (Abb. 39), und darunter der Gewölbekeller des Vorderhauses. Er mag noch die Zeiten gesehen haben, als der berühmte Lübecker Bürgermeister Brun Warendorp (gest. 1369) im Hause wohnte. Warendorp vertrat Lübeck auf mehreren Hansetagen. Außerdem befehligte er die lübischen Truppen gegen den Dänenkönig Waldemar. In der Nazizeit nahm man Mengstraße 4 den eingebürgerten Namen *Buddenbrookhaus* und benannte es nach Warendorp.

Abb. 39: Mengstraße 4, das Buddenbrookhaus, nach der Zerstörung in der Palmsonntagnacht 1942. – Foto 1942.

Als Johann Michael Croll um 1758 das Haus kaufte, hieß es *von Dorns Hauß* und stand *wüste,* war also leer und wohl auch verfallen. Die von Dorne waren eine angesehene Lübecker Ratsfamilie, an die in der Stadt noch manches erinnert, z. B. Dornes Hof, eine Stiftung. Hermann von Dorne, Mitglied des Rates 1535, Vertreter Lübecks auf den Hansetagen 1555, 1557 und 1559, wohnte Mengstraße 4. Er muß das Haus neu gebaut haben, denn das hohe Erdgeschoß der Fassade mit den rundbogigen Fenstern und dem pilastergeschmückten Portal geht auf die Jahre *vor Mitte des 16. Jahrhunderts* zurück. Der Ratsherr starb 1559.

Wie *von Dorns Hauß* aussah, wissen wir nicht, denn mehr Spuren als das, was hier beschrieben ist, sind nicht geblieben. Sicherlich bestand die Anlage aus Vorderhaus und Seitenflügel. Die Fassade dürfen wir uns wohl am ehesten als Staffelgiebel vorstellen, ähnlich, wie ihn das Haus der Schiffergesellschaft am Koberg besitzt. Hier finden wir auch die rundbogigen Fenster, wenn auch nicht in gleicher Weise umrahmt und bossiert. Das der *klassischen* Phase der Renaissance angehörende Portal hat heute in der Stadt keine Entsprechung mehr. Am besten vergleicht man das kleinere, aber schlichtere Portal am Haus Königstraße 85.

Nach Aussage des Schoßbuches für das Marien-Magdalenen-Quartier der Jahre 1752–1760, also des Eintragungsbuches für die bürgerliche Hauptsteuer, ist der mehrfach genannte Johann Michael Croll der Erbauer des Hauses, das 1758 den Vorgängerbau ersetzte. Wir dürfen uns aber die Maßnahme des Herrn Croll nicht zu radikal vorstellen. Croll und sein Baumeister – die Durchführung mußte aufgrund der geltenden Zunftgesetze in den Händen eines lübschen Maurer- und Zimmermeisters liegen – gingen nämlich so zuwege wie es üblich war: Wo immer man konnte, bezog man alte Mauern und Bauteile in einen *Neubau* mit ein. Die Materialien waren teuer, im Vergleich dazu aber die Arbeitslöhne billig. Konnte man sparen, so tat man das auch.

Aus den alten Fotografien vom Hause ist wahrscheinlich ein solches Verfahren zu erschließen: Danach übernahm Croll nicht nur das Erdgeschoß, sondern wohl auch die oberen Böden im hinteren Bereich des Vorderhauses und damit das alte, hohe Satteldach. Letzteres war nämlich nach der Straße zu in charakteristischer Weise verändert: Man walmte es ab und *knickte* es im unteren Bereich, so daß in der Ansicht ein Mansarddach mit spitzem Abschluß entstand. Das Satteldach des zum Zwerchgiebel gewordenen Aufsatzes wurde in den Walm des um einiges höheren Hauptdaches, das die Spitze des Zwerchgiebels noch überragte, hineingeführt. Es entstand somit eine für das 18. Jahrhundert typische Lösung. Außerdem ist nicht auszuschließen, daß Partien des Hofgiebels vom Vorgängerbau stammten. Die Fenster der oberen Stockwerke waren dort nämlich gegenüber denen des Mittelgeschosses achsial verschoben. Bei einem völligen Neubau hätte man das kaum gemacht.

Trotzdem blieb für Croll und seinen Baumeister genügend Spielraum für Neues. Die Straßenfassade wurde ab erstem Obergeschoß neu aufgeführt, der Rückgiebel erhielt eine andere Form und so eine eigene architektonische Gestaltung. Von Grund auf errichtet und gleichzeitig verlängert wurde offenbar der Seitenflügel, denn nach einer Aussage des Lübecker Baudirektors Baltzer (1914), einem Fachmann in Historischem, bestand das Baumaterial aus großformatigen Steinen des *17. oder 18. Jahrhunderts.* Für eine Verlängerung spricht, daß wohl nur der vordere Teil des Flügels einen Gewölbekeller hatte, der hintere aber einen Balkenkeller. In für die Zeit charakteristischer Weise setzte man schließlich dem Seitengebäude ein im übrigen recht steiles Mansarddach auf. Die restliche Bebauung des Grundstücks mit Gartenhaus (Portal) und Quergebäude (Speicher) als Abschluß des hinteren Hofes dürfte ebenfalls auf Johann Michael Croll zurückgehen. Die auf dem einzigen bekannten Foto zu unterscheidenden Einzelformen wie auch der zu erschließende Typus der beiden Gebäude lassen kaum einen anderen Schluß zu. Wieder fanden die beliebten Mansarddächer Verwendung; das Gartenportal konnte mit seinem Mittelrisalit und Dreiecksgiebel kaum rokokomäßiger aussehen.

Damit hatte die Bebauung den Zustand erreicht, wie sie in der ältesten Kurzbeschreibung im 1768 angelegten Alten Buch der Brandassekuranz für das Marien-Magdalenen-Quartier (fol. 148) niedergelegt ist:

Daß Vorder Hauß 2 Et(agen) *in Br*(and)*M*(auern)	*13.500*
Unter dem Vorder Hauße durchgehends ein gewölbter Keller	*4.500*
Ein Seiten Gebäud unten durchgehens gewölbt	*2.400*
Daß Gebäude 2 Etag(en) *in Brand Mauer*	*6.000*
Im Garten. Ein Sommer Gebäud. unten durchgehends Gewölbt 2 Et(agen) *in Br*(and)*M*(auer)	*2.800*
Unten ein Quer Geb(äude) *2 Et*(agen) *in Brand Mauer*	*1.000*
	30.200
ab 10% verassecurirt	*CM 20.000*

In einem Punkt läßt die Beschreibung allerdings die gewünschte Genauigkeit vermissen, wie aus dem Vergleich mit dem Eintrag im Neuen Buch der Brandassekuranz vom Juni 1832 hervorgeht: Dort steht zu lesen, daß das *Seitengebäude* einen gewölbten und einen Balkenkeller hatte, was auf eine frühere Verlängerung des Flügels schließen läßt. Oben wurde das schon angemerkt. Der neuerliche Eintrag ergänzt außerdem unsere Kenntnis von der Grundstücksbebauung noch dahin, daß sich *zur Linken auf dem Hofe* ein Waschhaus befand.

Die Zahlen, also die Bewertungen der einzelnen Gebäude oder Gebäudeteile in lübischen Courantmark, entsprechen übrigens in dem älteren Eintrag – er stammt von 1771 – denen vergleichbarer Anlagen. Der Gesamtwert von 20 000 Courantmark lag zwar durchaus im oberen Bereich, doch gab es Häuser, die noch höher für die Versicherung eintaxiert wurden.

Das Innere ließ Johann Michael Croll ebenfalls neu ausbauen, es fragt sich aber, in welchem Umfang. Ohne Zweifel war die große Diele Resultat der Maßnahmen von 1758, so auch die Einteilung des Flügels mit drei Räumen im Erdgeschoß und ebenso vielen im ersten Stock, wobei hier ein Vorplatz oder Vorsaal hinzukam, von dem ein Dienergang ausging und an den Zimmern entlanglief. Der Flügel wurde somit nach damaliger vorherrschender Gewohnheit zum eigentlichen Wohnhaus, wobei die Funktionen der beiden Geschosse durchaus unterschiedlich waren. Das Erdgeschoß mit seinen wohl höheren und größeren Räumen dürfte Repräsentationscharakter gehabt haben. Hier gab es daher vielleicht Deckenstukkaturen und eine höherrangige Wanddekoration (Bildtapeten aus Leinwand, stukkierte Wandfelder usw.). Das erste Stockwerk wird ganz der Familie und ihrem Privatleben vorbehalten gewesen sein: Die Zimmer waren kleiner, niedriger, bequemer, wärmer. Über den Dienergang konnte man sich diskret bedienen lassen, ohne durch die anderen Zimmer zu müssen. Bezeichnenderweise befanden sich hier noch zur *Buddenbrookzeit* die eigentlichen privaten Wohnräume.

Man könnte vielleicht versucht sein, die Grundrißaufteilung des ersten Flügelgeschosses wegen des Vorplatzes und des Dienerganges in eine spätere Zeit zu legen, denn zweifellos setzte ein solches Arrangement eine im Hinblick auf Wohnkomfort unter französischem Einfluß fortgeschrittene Architekturpraxis voraus. Wenn aber zwischen 1750 und 1760 auch noch nicht alle neuangelegten Wohnraumfolgen in Flügelgebäuden nach diesem Schema angelegt wurden, so gab es doch schon Beispiele: 1761 ist die Grundrißdisposition für das erste Flügelgeschoß im Hause Koberg 2 datiert. Architekt war der Mecklenburger Johann Jochim Busch. Schon im Jahre 1700 aber hatte der Lübecker Stadtbaumeister Antonio Petrini das Motiv des Dienerganges bei seiner *Bernstorffschen Kurie* (ehemals Kleine Burgstraße 24) verwendet.

Die Frage ist, wie Johann Michael Croll mit dem ersten Stock des Haupthauses, nach außen die Beletage, zu verfahren wünschte: Sollten hier schon Zimmer entstehen oder gar ein Saal in ganzer Breite? Brauchte er überhaupt so viel Platz, die Familie bestand doch nur aus ihm, seinem Sohn und seiner Tochter? Oder blieb der erste Stock erst einmal für Wohnzecke ungenutzt? Eine Antwort ist kaum mehr möglich. Trotzdem: Die Wahrscheinlichkeit ist recht groß, daß das Geschoß, wenigstens im hinteren Teil, nicht ausgebaut wurde. Die Gründe dafür liegen auf der Hand. Da es an der Hoffassade offenbar keine Anhaltspunkte für eine Krananlage – etwa analog Königstraße 81 – gab, müssen die Kaufmannswaren auf anderem Wege auf die Dachböden gelangt sein. Ein Transport über die repräsentative Dielentreppe scheidet aus. Wie aber dann? So, wie überall, auch bei den aufwendigsten und luxuriösesten Häusern: durch eine verschließbare Luke in der Dielendecke. Traf dies zu, dann gab es aber aus verständlichen Gründen kaum Wohnräume auf dem ersten Boden in unmittelbarer Nähe der Luke. Aus praktischen Gründen hätte man letztere am ehesten in der Mitte des freien Dielenraumes oder nach hinten verschoben angelegt.

Dem Sohn und Erben Johann Wilhelm Croll genügte wohl das väterliche Haus, jedenfalls gibt es aus dieser Zeit keinerlei Nachrichten von Baumaßnahmen. Das änderte sich, als dessen Sohn Johannes die väterliche Firma und das Stammhaus übernahm. Wenn nicht schon die enorme Erhöhung des Versicherungswertes im Brandassekuranzbuch von 1832 stutzig machte – er betrug jetzt 69 350 Courantmark –, würden Merkmale im Haus auf damals getätige Neuerungen hinweisen. Aber da gibt es das neun handschriftliche Seiten umfassende Mammutgedicht der *Familientante,* der Schwester des Konsuls J. S. Mann. Diese Marie Sophie (1795–1860), Witwe des Weinhändlers Gotthard Heinrich Weichbrodt, lebte mit im Haus, zeitweilig auch ihr Sohn Edmund. An Neujahr 1859 wartete sie der Familie mit ihrem Opus auf, um die 100jährige Geschichte des Hauses in Reimen zu erzählen. Zu Johannes Croll heißt es da:

Der letzte Zweig des alten Stammes,
Johannes wurde er genannt,
Weil's so der Vater bei der Taufe
In heil'ger Schrift geschrieben fand.
Er weilte lang in fernen Landen
Geschlossen stand das alte Haus,
Doch als er wieder heim gekommen
Da baut er's hell und freundlich aus.

Johannes Crolls Jahr der Heimkehr war 1824, am 28. Juli wurde er dann Bürger in Lübeck. Was aber lag näher, als das mehr als ein halbes Jahrhundert alte Stammhaus, in dem zwei Generationen und danach noch Mieter gelebt hatten, zuvor gründlich zu renovieren? Johannes Croll war ja auch schon verheiratet, das Töchterchen Charlotte wurde geboren. Andererseits zählte Croll zur *Crème* seiner Vaterstadt, war mit einigen der wohlhabendsten und einflußreichsten Familien verschwägert, den Hasses, Martys, Ganslandts, Gädertzs, Rettichs. Ohne Zweifel erwartete man von ihm, daß er ein großes Haus führte, die eingesessene Firma angemessen repräsentierte.

Interessanterweise finden sich im Hauptbuch der Firma Croll während der Jahre 1822–1824 eingetragene Zahlungen an den Architekten und *Bau=Commissair* Joseph Christian Lillie (1760–1827). So wird ihm unter dem 31. Dezember 1822 der nicht kleine Betrag von 2027 Courantmark 5 Schillinge zugeschrieben, 1824 weitere, allerdings nicht so bedeutende Summen. Leider ist nicht vermerkt, worauf sich die Zahlungen an Lillie bezogen. Allerdings macht eine Analyse der einstigen Repräsentationsräume im ersten Stock von Mengstraße 4 eben jenen Architekten als ihren künstlerischen Urheber wahrscheinlich. Man darf sich den Sachverhalt daher etwa so vorstellen:

Johannes Croll, Erbe einer angesehenen Lübecker Firma, faßt den Entschluß, aus *fernen Landen* nach Hause zurückzukehren. Die Heimkehr bereitet er unter anderem mit einer gründlichen Instandsetzung des Wohn- und Firmensitzes in der Mengstraße vor und baut das Haus *hell und freundlich aus.* Wie es bürgerlicher Sitte entspricht, verbindet er seine *Etablierung* in Lübeck mit einer Heirat, was wiederum eine *standesgemäße* Wohnung erforderlich macht, die tunlichst vor der Übersiedlung fertig ist. Bauplanung und -durchführung überträgt er Joseph Christian Lillie, dem renommiertesten Architekten der Stadt und der ganzen Gegend.

Worin bestanden die Baumaßnahmen des Johannes Croll? Nach der – sehr hohen – Versicherungssumme des Jahres 1832 zu schließen, muß einiges geschehen sein, doch sind nur Teilantworten möglich, weil zu viele Unterlagen fehlen. Für Überlegungen stehen jedoch die Grundrisse und die überlieferten Fotos der Repräsentationsräume im ersten Stock des Vorderhauses zur Verfügung. Diese Dokumente sprechen eine klare Sprache: Croll hat das erste Stockwerk des Vorderhauses neu ausbauen und dekorieren lassen; der dortige überlieferte Zustand genügte ihm nicht mehr. Den Gepflogenheiten der Zeit entsprechend wünschte er sich Repräsentationsräume in der straßenseitigen Beletage, die Privaträume aber im ersten Geschoß des Flügels, was allerdings schon früher so gewesen war.

Es war gar nicht so einfach, ein in der Anlage so völlig traditionelles Bürgerhaus auf der Beletage derartig zu verändern, daß es den Ansprüchen der neuen Zeit genügte und damit *modern* wurde. Hauptproblem war die geringe Breite der Fassade (fünf Fensterachsen) und die große Tiefe nach hinten; außerdem stand das Haus an den Längsseiten zwischen die Nachbargebäude eingezwängt. Wie löste man da die Aufteilung der Grundfläche und die Beleuchtungsfrage? Daß es nur an der Straßen- und Hofseite Fenster gab, konnte der Architekt nicht ändern, höchstens die Folgen mildern.

Lillie machte dies: Er teilte das erste Geschoß des Vorderhauses in zwei Bereiche, die er jedoch miteinander verband. Anstoßend an die breite Haupttreppe legte er einen großen Vorplatz. Durch zwei große Hoffenster wurde er gut belichtet. Seitlich vom Vorplatz und von ihm aus zugänglich ordnete er zwei Zimmer an. Freilich hatte nur das hofseitige natürliches Licht. Das innere war *gefangen.* Dieser Nachteil war geringer, wenn eine Nutzung als Schlafzimmer ins Auge gefaßt wurde, denn solche fensterlosen *Alcoven* waren noch lange üblich und sogar beliebt. Nach dem Vorplatz begann der vordere, der Repräsentationsbereich. Er wurde mit einem großen, quergelegten, eigentlich die gesamte Hausbreite einnehmenden Raum eröffnet. Aus konstruktiven Gründen, aber auch aus solchen der besseren Aufteilung und Dekoration, erdachte Lillie hier zwei seitliche Säulenstellungen, so daß ein mittlerer Hauptraum und zwei Abseiten entstanden. Der *Trick* mit den Säulen diente außerdem der Harmonisierung, denn er half, Unregelmäßigkeiten geschickt zu verbergen.

Der Beleuchtungsfrage suchte Lillie mit Glastüren beizukommen. Der große Vorplatz war ja hell und konnte einiges Licht abgeben; die beiden nach vorne anschließenden Räume verfügten ebenfalls reichlich über natürliches Licht. Auch von dort, von der Südseite, strömte also Helligkeit herein. Dem besonderen Charakter des Raumes – er war die berühmte *Säulenhalle* – war übrigens mit einer sorgfältigen Dekoration und Ausstattung Rechnung getragen, was ihn mit den vorderen Zimmern, einem größeren und einem kleineren, zu einer Einheit verband. Die Kunst des Architekten hatte somit eine neue, elegante und abwechslungsreiche Raumfolge geschaffen: Jedes Zimmer war anders, in Größe, Lage und Ausschmückung. Den Auftakt bildete der Vorplatz.

Fazit: Johannes Croll war es wirklich gelungen, das einer anderen Zeit entstammende Haus in wichtigen Teilen so umzubauen, daß es allen *modernen* Ansprüchen standhielt. Übrigens ließ er auch den Saal im Gartenhaus und wohl auch den Billardsaal im rückwärtigen Speichergebäude neu dekorieren.

Als Johann Siegmund Mann d. J. 1842 das Haus erstand, war es noch in so gutem Zustand, daß höchstens kleinere Reparaturarbeiten notwendig waren.

Allerdings reichte ihm der vorhandene Wohnraum bei seiner wachsenden Kinderschar nicht aus. Daher ließ er das zweite Obergeschoß des Haupthauses, das bis dahin Boden war, ausbauen und setzte zu diesem Zweck 2760 Courantmark 9 Schillinge *Baukosten* ein. Marie Sophie Weichbrodt, die Schwester und *Familientante,* schilderte die neuerlichen Maßnahmen so:

Nun läßt uns die Treppe noch höher steigen
Zum neu erstandenen Stockwerk empor
Da rief aus früheren Bodenräumen
des Hausherrn schaffender Geist hervor,
Da wo die Treppe hinnauf sich windet
Sonst eine geräumige Kammer war
Von der ich noch etwas berichten könnte
Was dort passierte vor langem Jahr.

Jene Räume, in denen Thomas Mann später die geschiedene Tony Buddenbrook nach ihrer Heimkehr ins Elternhaus wohnen läßt (*Buddenbrooks*, Teil VI, Kapitel 5), wiesen keine architektonischen Merkwürdigkeiten auf. Sechs an der Zahl, hatte man sie dem ersten Boden abgewonnen, wobei die Probleme der Belichtung der inneren Zimmer von neuem auftauchten. Man löste sie teilweise durch Dachfenster. Diese saßen an der Längsseite in dem *abgeknickten* Dachteil, eine Veränderung in der ursprünglichen Dachkonstruktion, die wohl auf Johann Siegmund Manns Unternehmung zurückging.

Weitere Bauarbeiten am oder im Haus sind für die Jahre, in denen sich Mengstraße 4 im Eigentum der Familie Mann befand, nicht bekannt und auch nicht wahrscheinlich. Allerdings dürfte J. S. Mann jun. das Dach des Flügels neu mit Schiefer eingedeckt haben, denn die Firma handelte ja mit diesem Produkt. Freilich könnte diese auffällige Besonderheit – Schieferdächer waren in Lübeck Ausnahmen – auch auf Johannes Croll zurückgehen.

Erst nach dem Verkauf des Hauses kam es dann wieder verschiedentlich zu einzelnen, meist nicht günstig zu beurteilenden Maßnahmen. Immerhin blieb das Haus dennoch im großen und ganzen unverfälscht erhalten, bis es 1942 Feuer fing, brannte und seine Trümmer dann bis auf die Straßenfassade beseitigt wurden.

Es war ein wunderschönes altes Haus . . . Mit diesen Worten leitet Elisabeth Mann, die Tony des Buddenbrook-Romans, die nähere Beschreibung ihres Vaterhauses ein (*Aus meinem Leben.* Geschrieben Winter 1908). Auch im Folgenden soll es noch einmal um jenes Haus gehen, jedoch darum, wie es wirklich ausgesehen hat. In den vorausgegangenen Kapiteln erscheint es ja aus unterschiedlichen Blickpunkten betrachtet und in bestimmte Zusammenhänge eingeordnet. Hier geht es jetzt aber um eine möglichst genaue Rekonstruktion anhand der überlieferten Quellen.

Die Straßenfront

Die Fassade (Abb. 40) ist das einzige, was von außen sichtbar von dem alten Haus geblieben ist. Sie präsentiert sich als viergeschossiger Giebel. Das Erdgeschoß ist sehr hoch, in der Mitte hat es ein rund-

Abb. 40: Das wiederaufgebaute Buddenbrookhaus, Zustand 1983. – Foto: Herbert Jäger, 1983.

bogiges Portal. Dieses wird von kannelierten und bossierten Pilastern kompositer Ordnung auf hohen Sockeln, welche ein Gebälk tragen, gerahmt. Hier ist die berühmte Inschrift: *Anno: Dominus providebit: 1758* eingemeißelt. (Abb. 41) Links und rechts vom Portal durchbrechen je zwei schlanke rundbogige Fenster die Mauer und berühren mit ihrem Scheitel beinah das durchlaufende Abschlußgesims. Fensterpfeiler und Archivolten sind, wie die Portalpilaster, bossiert, doch nicht mit umrahmten und gepickten, wie jene, sondern mit glatten Bossen.

Das erste Stockwerk öffnet sich in fünf stichbogige, umrahmte Fenster. Die Sohlbänke springen leicht vor. Die zurückliegenden Rahmen sind in der Mitte oben und seitlich in *Ohren* ausgezogen, die Kanten werden durch ein glattes, erhabenes Profil hervorgehoben. Ein reich profiliertes Gesims beschließt das Geschoß. Darauf steht die Sockelzone des zweiten Stockwerkes. Dieses ist dreiachsig und hat niedrigere Stichbogenfenster in schmalerer Rahmung ohne *Ohren.* Die Partie mit Fenstern und Sockelzone

Abb. 41: Das Portal von Mengstraße 4

springt schwach als Risalit vor. Die Sockelzone wird oben von einem profilierten Gesims begrenzt, das sich über den Sockeln der Fensterpfeiler verkröpft. Den beiden mittleren Pfeilersockeln sind schmalere, flache Postamente vorgelegt; sie tragen im Hochrelief skulptierte, fast vollrund wirkende – erneuerte – Rokokovasen. Sie stehen in flachen, stichbogigen Nischen, die niedriger als die Fenster sind. Die Fensterbrüstungen waren ursprünglich ohne Ornament. Nach 1955 versah man sie mit stukkierten Flechtbändern.

Der Risalit steht seitlich vor schmalen, oben gerahmten Mauerstreifen. Auf sie folgt nach außen ein vortretendes niedriges Mauerstück mit eingetieftem Feld und mit nach innen ansteigendem, gekurvtem Abschluß, der in eine Volute ausläuft. Auf diesen Postamenten in liegender S-Form lagert jeweils hingestreckt eine vollplastische weibliche Figur. Nach den Attributen handelt es sich rechts um die Personifikation des Überflusses (Füllhorn und Zepter), links um diejenige der Stunde und damit der Zeit (Zepter und Uhr mit Stundenzeiger).

Das Stockwerk schließt mit einem schmalen durchlaufenden Gesims ab. Auf ihm sitzt der Giebel. Er setzt konkav an, bildet eine Spitze, weicht wieder zurück und geht dann in einen Segmentbogen über. Das Abschlußgesims ist reich profiliert und verkröpft sich am höchsten Punkt. Unterstützt von einer Konsole, entsteht so ein Sockel für die krönende Henkelvase (wohl 19. Jahrhundert). Das Giebelfeld wird in der Mitte von dem mit einem glatten Putzstreifen umrahmten Rundfenster durchbrochen. Ein solcher Putzstreifen umgibt überhaupt das Giebelfeld. So entstehen beiderseits des Rundfensters vertieft liegende, unregelmäßige Felder.

Die gemauerte Fassade ist verputzt, das Portal und alle andere Steinmetzarbeit (Figuren, Vasen) stehen im Natursteinton. Die heute Farbgebung in Graugelb und Grau ist nicht historisch, auch nicht die etwas willkürlichen Absetzungen.

Das von der Straße aus sichtbare Dach erschien bis 1942 als Mansarddach. Aus ihm sprangen die beiden oberen Giebelgeschosse zwerchgiebelartig hervor. Auf ihnen lag ein Satteldach. Ursprünglich war das ganze Dach mit dunklen Glasurziegeln gedeckt, von denen 1901 noch Reste festgestellt wurden.

Obwohl der untere Teil der Fassade, das Erdgeschoß, einer ganz anderen Zeit, dem 16. Jahrhundert, entstammt, wirkt die gesamte Front zunächst einheitlich. Es ist erst der zweite Blick, der die Unterschiede entdeckt und beispielsweise bemerkt, daß weder die Bossierungen noch die brettartigen Pilaster mit ihrer starken Einziehung unterhalb der Kapitelle eigentlich dem in der Mitte des 18. Jahrhunderts herrschenden Stil entsprechen.

Wir wenden uns jetzt dem zu, was um 1758 modern war. Damals hatten sich die Wohngewohnheiten und die Vorstellungen vom Wohnen gegenüber früher sehr gewandelt. Dem Wohnkomfort, einst von recht untergeordneter Bedeutung, wandte man nun erhöhte Aufmerksamkeit zu, ohne die Pflicht zur Repräsentation und ihre Bedingungen zu vernachlässigen. Der Idealvorstellung entsprach das traditionelle, schmale, hochgiebelige Bürgerhaus, Wohnung und Geschäft enthaltend, nicht länger. Vielmehr wünschte man sich ein bequemes Wohnhaus mit möglichst breiter Front an der Straße, wo die Repräsentationsräume im ersten Stock in der *Beletage* lagen.

Den Geschäftsbetrieb, soweit er Umtrieb, Unruhe, Schmutz verursachte, brachte man am liebsten in eigenen Lagerhäusern unter. Diese konnten sich ganz woanders befinden, vielleicht an einem besonders

Abb. 42: Breite Straße 42: Das Stadthaus Küsel, erbaut 1752, abgebrochen vor 1894. Hieronymus Küsel, Kaufmann und Erbe eines beträchtlichen Vermögens, orientierte sich an der zeitgenössischen Adelskultur und ließ daher sein Stadthaus, das das prächtigste seiner Zeit in Lübeck war, in den Formen eines Palais errichten. – Foto vor 1894.

verkehrsgünstigen Standort. Man band sie aber auch verschiedentlich in einen einheitlich geplanten Komplex (Große Petersgrube 21!) mit ein.
Nur die wenigsten Bürger konnten solche Ideen für sich verwirklichen. Es war daher tatsächlich eine Sensation, als der Kaufmann Hieronymus Küsel 1752 in der Königstraße sein prächtiges Haus (Abb. 42) erbaute: Es sah aus wie ein Palais mit Mittelrisalit, Rücklagen und Dreiecksgiebel und diente nur Wohn- und Repräsentationszwecken! Das niedrige Erdgeschoß war deutlich als Sockel mit glatten Rustikastreifen entworfen, auf dem die beiden Hauptgeschosse standen, an den Gebäudeecken und im Mittelrisalit durch Putzlisenen von pilasterähnlicher Wirkung zusammengefaßt. Die Beletage hatte deutlich die größte Höhe und wurde durch die allein hier stichbogigen Fenster, im Risalit noch durch die Stuckdekorationen, hervorgehoben. Das obere Stockwerk, obwohl kein Halbgeschoß, war in der Höhe wieder merklich reduziert. Die Fassade griff somit in Proportionierung und Schema ein Architekturmuster auf, das, im Ursprung sehr französisch beeinflußt, weit verbreitet war. Natürlich besaß das Haus ein Mansarddach.
Aber selbst bei ausreichenden Finanzen war es oft schwierig, wenn nicht unmöglich, ein breitgelagertes, modernes Traufenhaus zu bauen. Da die meisten Grundstücke zwar tief, aber schmal waren, mußte das Nachbarhaus dazuerworben werden, wenn es überhaupt zum Verkauf stand. Daran scheiterte mancher. Daher versuchten die meisten Bauherren, mit ihrem einen Grundstück auszukommen oder sich gar im alten Gehäuse, so gut es ging, modern einzurichten.
So lebte denn auch in der zweiten Hälfte des 18. Jahrhunderts das vergleichsweise schmale Giebelhaus, wenn auch verändert, weiter. Man erkennt aber in dieser Zeit deutlich das Bestreben, den Giebel zu verkleinern und in seiner Bedeutung herabzuspielen.
Michael Croll und sein Architekt folgten im Rahmen des ihnen durch Grundstück und Vorgängerbau Vorgegebenen ganz den modernen Strömungen. Mochte das Erdgeschoß des alten Hauses für das baukünstlerische Empfinden des 18. Jahrhunderts auch an und für sich zu hoch sein, konnte es doch mit seiner Art Rustizierung zum tragenden Sockelgeschoß für die darüberliegenden Stockwerke uminterpretiert werden. Diese differenzierte der Architekt nach der Bedeutung: das erste Stockwerk hob er durch eine größere Höhe und durch betonte Fensterrahmungen als Hauptwohngeschoß hervor. Das zweite Geschoß erhielt eine geringere Höhe, die Fenster eine schlichtere Rahmung.
Um die Vertikalwirkung der Fassade zu vermindern, die – bei der an sich geringen Fassadenbreite – durch ein Aufeinandertürmen gleichartiger Geschosse verstärkt worden wäre, entwarf der Architekt das zweite Stockwerk nicht mehr in voller Breite der Gesamtfassade, sondern reduzierte es auf drei Achsen. Das Geschoß wurde so beinah zu einer Art Aufsatz oder zu einem Zwerchgiebel; er lastete mehr auf dem Unterbau, als daß er nach oben strebte.
Der Architekt tat alles, um eine Breitenwirkung der Fassade zu erzielen. Deshalb zog er die Trennungslinie der Gesimse ohne Unterbrechung quer über die Fassade. Ebenso ließ er das schwere Hauptgesims glatt durchlaufen und reihte die Fenster gleichförmig aneinander. Die Sockelzone des zweiten Geschosses gestaltete er als breites, liegendes, vor- und zurückspringendes Band, lose eingespannt zwischen die beiden seitlich gekurvten Postamente. Die Absicht, immer wieder die Breite wirken zu lassen, kommt auch in der Reihung der Figuren und Vasen zum Ausdruck. Diese dienen zwar dem Schmuck, gleichzeitig lassen sie aber Vertikaltendenzen der Fassade an dieser Stelle ausklingen. Die liegenden Figuren markieren noch einmal die volle Ausdehnung der Fassade, stellen jedoch durch ihre gleitende Form außerdem die Überleitung zum bewegt geschweiften Giebel des (reduzierten) zweiten Stockwerks her.
Vor der Zerstörung 1942 machte das Mansarddach das Bemühen des Architekten, der Straßenansicht möglichst einen Traufenhauscharakter zu verleihen, noch deutlicher. Bei einem bestimmten Abstand wurde nämlich nicht nur die Schweifung des unteren Dachteils sichtbar, sondern auch der horizontal durchlaufende Knick zwischen beiden Dachhälften. Dies verstärkte unbedingt die Breitenwirkung. Die Fassade des Hauses Mengstraße 4 ist also kein herkömmlicher barocker Schweifgiebel mehr. Sie kennzeichnet aber in der Lübecker Baugeschichte den Zeitpunkt, wo sich die Tendenzen zur Reduzierung des Giebels mehr und mehr verstärken, bis dieser schließlich ganz verschwindet.
Die Fassade Mengstraße 4 ist in Lübeck ohne Vorbild und wirklichen Vergleich. Mit der gelungenen

Verschmelzung von Alt und Neu, mit der phantasievollen Verarbeitung moderner Anregungen und älterer Traditionen zu einer originellen Lösung steht sie einzigartig da. Dazu ist sie ungewöhnlich reich dekoriert und plastisch durchgearbeitet, das Spiel von Licht und Schatten erzielt mehr Wirkung, einen barockeren Effekt als sonst bei Lübecker Häusern um 1750/60. Auch bleibt die flüssige Eleganz der bewegten Giebelkontur, die geschickte Vermittlung zwischen Unterbau und Giebelaufsatz sonst unerreicht.
Man würde gerne den Namen des Architekten oder Entwerfers kennen, doch gibt es dafür keine Unterlagen. Andererseits ist aber die architektonische Formensprache der Fassade in Lübeck so besonders, daß man den Entwerfer, nicht aber den Baumeister, wohl außerhalb suchen muß.
Nach den Gesetzen der Zunftordnung war der künstlerische Entwurf frei, man konnte sich ihn woher und von wem auch immer besorgen. So beauftragte der Lübecker Kaufmann Peter Hinrich Tesdorpf einen Pariser Architekten mit der Planung seines Hauses, des jetzigen Behnhauses (Königstraße 11; 1780/81). Tatsächlich folgte die Fassade weitgehend der Vorlage aus Paris. Anders stand es mit der einträglichen Bauausführung. Sie mußte immer in Händen eines lübschen Maurer- und Zimmermeisters liegen. Wo nun die Suche beginnen? Hamburg läge nahe. In der Tat findet man dort eher Giebelformen, die, mehrfach gebrochen und in scharfe Spitzen auslaufend, an Mengstraße 4 erinnern. Ein wirklich passendes Vergleichsbeispiel ließ sich aber in der Schwesterstadt auch nicht finden. Man wird daher weiter suchen müssen, wenn es überhaupt jemals eine Antwort gibt.

Die Hoffront

Die Hoffassade (Abb. 43, 44) war fünfgeschossig. Sie bestand teils aus Sichtmauerwerk, teils war sie geschlämmt. Das Erdgeschoß hatte etwa dieselbe Höhe wie das der Straßenfront und war ähnlich gebildet. Es gab ein breiteres, rundbogiges Portal, rechts von ihm zwei rundbogige Fenster in gleicher Höhe, links von ihm wegen des hier ansetzenden Flügels nur eines.

Abb. 43: Mengstraße 4: Blick auf die Hoffront und den Flügel. Die Aufnahme ist die einzige Wiedergabe der ganzen Hoffront, wenn auch etwas durch den Blickwinkel verzerrt. – Foto um 1925.

Abb. 44: Mengstraße 4: Rekonstruktionsmodell von Rolf Lühr nach Angaben von Björn R. Kommer, 1983: Ansicht der Hoffront und des Flügels.

Das Erdgeschoß schloß mit einem oben und unten kantig profilierten Band ab. Das Hauptgeschoß öffnete sich in vier hochrechteckige Fenster; das über dem Portal war fast um ein Drittel breiter als die anderen. Als Geschoßgrenze folgte ein profiliertes, vorspringendes Gesims. Die Fenster des nächsten Stockwerks, wieder vier, waren niedriger als die des Hauptgeschosses, von gleicher Größe untereinander und in bezug auf die darunter liegenden Öffnungen achsial versetzt. Das vierte Geschoß hatte nur drei Fenster. Sie waren fast quadratisch und daher noch niedriger. Das fünfte Geschoß trat nach außen nur durch ein querliegendes kleineres Ovalfenster in der Mittelachse des Giebels in Erscheinung. Die Schweifung des Giebels begann etwa in Höhe der Fenstermitte des dritten Geschosses. Sie setzte beidseitig mit einem konvexen Bogen an und ging dann in eine konkave Einziehung über. Die Auslaufstelle der Schweifung markierte ein profiliertes Gesims, das über den ganzen Giebel lief und die Basis für den

krönenden, nach außen leicht geschweiften Segmentbogen bildete. Dieser Segmentbogen wurde von einem profilierten Gesims gerahmt. Die Kanten des Giebels wurden sonst von einer leicht hervortretenden gemauerten Rollschicht hervorgehoben.
Die Hoffassade von Mengstraße 4 konnte nicht denselben Anspruch auf Originalität erheben wie die Straßenfront. Das Besondere lag vielmehr darin, daß das Haus überhaupt eine architektonisch und repräsentativ gestaltete Rückansicht hatte. Der Normalfall war dies nicht. Meistens übernahm man bei Umbauten, auch wenn die Straßenfassade erneuert wurde, die alte Rückfront. Das sparte Geld, und: man sah es ja nicht von der Straße.
Die Rückfront von Mengstraße 4 hätte in dieser Form auch an einer Straße stehen können. Sie war ganz wie ein traditioneller Giebel entworfen. Gewisse Unregelmäßigkeiten gingen dabei sicher auf den Vorgängerbau zurück.
Das beste Vergleichsbeispiel für die Hoffront gibt das – nicht mehr vorhandene – Haus Königstraße 31 (Abb. 45) ab. Die Grundform des Giebels war dieselbe, wenn auch etwas schlanker. Die unterschiedliche Anzahl der Fenster und die daher andere Reihung braucht hier nicht berücksichtigt zu werden.

Abb. 45: Königstraße 31/Ecke Hundestraße: Das Gebäude der Druckerei Gebr. Borchers. Das Fassadenschema folgt bis zur Mitte des 18. Jahrhunderts gängigen Formen. – Das Haus samt seinem Nachbarn, dem Adreßhaus, fiel der Erweiterung des Gymnasiums, des Katharineums, in den Jahren 1890/91 zum Opfer. – Foto um 1880.

Die Diele

Das Innere des Vorderhauses ist, wie auch der Flügel und die Nebengebäude, aus verständlichen Gründen nur zum Teil bildlich dokumentiert. Kunst- und kulturgeschichtliches Interesse fand das Haus ja erst spät. So gibt es zum Beispiel keinen einzigen historischen Gesamtgrundriß zum Erdgeschoß. Fotos aus der Zeit, als das Gebäude Privathaus war, fehlen ebenfalls. Die Lage änderte sich erst, als die große Diele zur Buddenbrook-Buchhandlung umgebaut werden sollte (1922): Für das Vorhaben brauchte man einen Planungsgrundriß. Auf eine Bestandsaufnahme verzichtete man aber schon wieder. Man hielt aber das Ergebnis des Umbaus in Fotografien fest, denn man konnte sie als Postkarten verkaufen.
Um dennoch ein Bild von der Diele zu erhalten, wie sie ursprünglich aussah, aufgeteilt und eingerichtet war, müssen wir Schriftquellen heranziehen. Zum Glück gibt es welche. Schließlich sind historische Vergleichsbeispiele zu befragen, um die Rekonstruktion auf dem Papier abzusichern.
An anderer Stelle wurde schon gesagt, daß der Umbau von 1922 den vorderen Bereich der Diele veränderte: Es entstanden links und rechts vom Eingangskorridor zwei gleichgroße Einbauten in voller Dielenhöhe, die im Inneren unterschiedlich eingeteilt waren. Links legte man zwei etwa gleichgroße Schreibstuben an, mit einer Treppe nach oben im hinteren Zimmer. Rechts gab es einen Laden, seitlich von ihm und vom Korridor aus zugänglich eine Treppe, hinten schließlich ein Wartezimmer und eine Toilettenanlage (Abb. 46).
Wie sah aber dieser Bereich vorher aus? Darüber informieren ein paar Schriftstücke vom Ende des vorigen Jahrhunderts, als sich das Haus schon in lübeckischem Staatsbesitz befand und möglichst viel von ihm gewinnbringend vermietet werden sollte. So

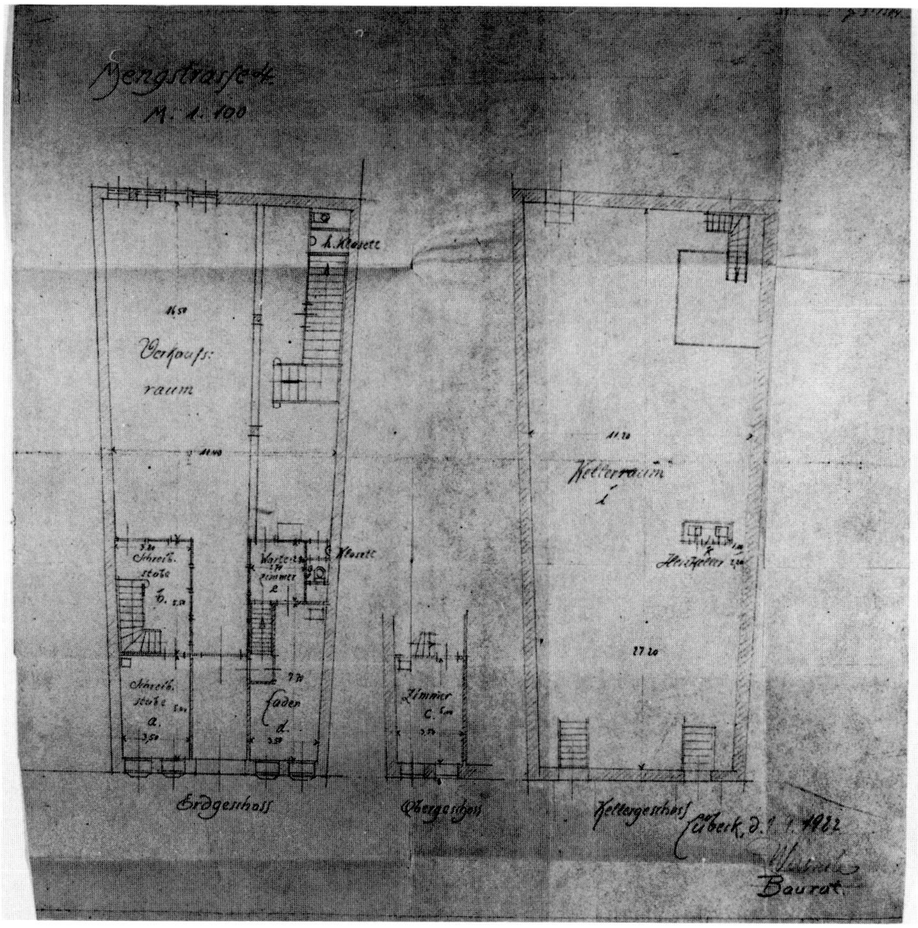

Abb. 46: Mengstraße 4: Umbauvorschlag für das Erdgeschoß und den Keller des Vorderhauses. Der Plan steht im Zusammenhang mit den durch das Architektenbüro Schöß & Redelstorff durchgeführten Maßnahmen zur Einrichtung der Buddenbrook-Buchhandlung.
Lichtpause nach Zeichnung von Baurat Willrich, 1922.

erfahren wir, daß rechts vom Hauseingang ein Zimmer lag, in dem 1895 ein Gärtner Jauckens seinen Laden eingerichtet hatte. Dahinter lag die Küche. In der Trennwand zu ihr saß ein Wandschrank. Der Laden besaß die volle Höhe der Diele, eine Deckenfläche von ca. 30 m², *2 Fenster, 1 Flügeltür, 1 Türseite, 1 Holzpaneel* (Kostenvoranschlag des Malers W. Siems, 1907).

Links vom Hauseingang befand sich ein zweigeschossiger Einbau. Ein Schreiben von 1893 erwähnt darin ein Zimmer mit Alkoven, ein anderes *Räume* darüber, die als sehr niedrig charakterisiert werden. Man darf diese Mitteilungen folgendermaßen entschlüsseln:

Insgesamt gab es links vier Räume, sicherlich alle nicht sonderlich hoch, denn die Decke bzw. der Fußboden dürfte etwa auf der Höhe des mittleren Kämpfers der rundbogigen Außenfenster gelegen haben. Der Alkoven – darunter verstand man damals einen selbständigen, abgeteilten Raum, in der Regel zum Schlafen benutzt und ohne natürliches Licht – ist hier also als eigenes Zimmer, das nach hinten lag, angenommen. Vermutlich standen die Trennwände aus Fachwerk oder Brettern in beiden Stockwerken übereinander. Von der Grundfläche her werden die vier Zimmer ungefähr gleich groß gewesen sein. Bleibt jetzt noch das Aussehen der beiden Einbauten und ihre ursprüngliche Funktion. Für beides gibt es Unterlagen und Anhaltspunkte.

Zum Aussehen: Als man 1922 die Diele (Abb. 47) in ihren *ursprünglichen Zustand* versetzte, umgab man die Fläche, die einst die Küche gewesen war, auf zwei Seiten, also nach hinten zur Dielenhalle und nach der Seite zum Korridor, der ungefähr in seiner Mitte eine Windfangtür besaß, mit Fensterwänden: Sie bestanden aus drei bzw. vier dicht nebeneinander stehenden, bis fast an die Decke hinaufgeführten, kleinteilig versproßten Rundbogenfenstern mit mittigem Kämp-

Abb. 47: Die Buddenbrook-Buchhandlung auf der Diele von Mengstraße 4, Blick nach vorn. Deutlich zu sehen ist der 1922 umgestaltete vordere Einbau, aber auch die Gliederung der Dielenlängswand mit Pilastern und Blendbögen. – Foto um 1925.

fer über einem Sockelpaneel. Ein Fenster an der Querwand, enthielt im unteren Teil die Eingangstür, hervorgehoben durch einen betonten Rahmen und ein krönendes Gesims. Der gegenüberliegende Einbau wurde analog gestaltet. Da man so großen Wert darauf legte, die alte Diele wiederherzustellen, dürften die neuen Rundbogenfenster, die ja den Fenstern der Dielenrückwand nachgebildet waren, als wichtiges gestalterisches Detail auch schon früher vorhanden gewesen sein, freilich nur bei der Küche. Die gegenüberliegende Seite muß anders ausgesehen haben, einmal wegen der unterschiedlichen Aufteilung dieses Einbaus im Inneren, dann wegen der Treppe, die zu den oberen Zimmern, dem *Zwischengeschoß,* hinaufführte. Thomas Mann hat sie übrigens als einziger, jedoch völlig richtig, beschrieben. Nach ihm führte sie als *eine Art freiliegender, gerader Stiege von der Diele aus* empor (*Buddenbrooks*, Teil I, Kapitel 8).

Diese Situation war in Lübecker Dielen nicht eben selten. Es lassen sich daher eine Reihe von Vergleichsbeispielen finden. Am besten zieht man vielleicht Fischstraße 25 (Abb. 48) heran, lange Dienstsitz des Pastors der reformierten Gemeinde in Lübeck, ursprünglich aber ein echtes Kaufmannshaus. Hier, in diesem leider ebenfalls kriegszerstörten Haus, stieg gleich nach dem Einbau in der Diele die Treppe in einem Lauf nach oben und änderte dann vor der Brandwand die Richtung bis zur Eingangstür des Zwischengeschosses. Genauso war auch die Treppe im Haus Kohlmarkt 13 (zerstört, Abb. 49) konstruiert, nur, daß hier über dem Alkoven unten eine Art Balkon lag. Das erste Beispiel liefert auch einen Anhalt dafür, wie man sich den Zugang im Erdgeschoß und die Belichtung vorzustellen hat. Freilich werden die Fenster oben, zahlenmäßig vielleicht mit denen der Küche korrespondierend, der Harmonie wegen halbrund gewesen sein. Um einen Einblick von außen zu verhindern, dürften sie über einer Brüstung gesessen haben.

Zum Küchenteil ist noch nachzutragen: Ungewöhnlich war seine Höhe, denn meistens nutzte man auch an dieser Stelle die Dielenhöhe für eine Unterteilung

Abb. 48: Fischstraße 25: Die Diele mit den vorderen Einbauten war im letzten Viertel des 18. Jahrhunderts unter Beachtung gängiger Regeln umgestaltet worden. So folgt die Treppe hinauf ins Zwischengeschoß in ihrer Anlage der üblichen Praxis.
Karl Sager, Federzeichnung 1914.

Abb. 49: Kohlmarkt 13: Die Diele, Blick nach vorn. Links ist zunächst die Haupttreppe zu sehen, sodann die große durchfensterte Küche, die, wie im Buddenbrookhaus, die volle Dielenhöhe hatte. Vorne rechts führt eine Treppe über eine kleine Galerie ins Zwischengeschoß (vgl. auch Abb. 48). Das Haus, das aus dem 16. Jahrhundert stammte, im Inneren aber im letzten Viertel des 18. umgebaut worden war, wurde im Zweiten Weltkrieg zerstört.
Karl Gatermann, Federzeichnung 1907.

aus und erschloß die dortige(n) Kammer(n) durch einen Arm der Haupttreppe. Allerdings zeigte das bereits angeführte Beispiel Kohlmarkt 13 – die Dimensionen wurden wie bei Mengstraße 4 von den Baugewohnheiten des 16. Jahrhunderts bestimmt, nicht aber Ausgestaltung und Formen (zweite Hälfte des 18. Jahrhunderts) –, daß es durchaus Kücheneinbauten in voller Dielenhöhe gab.

Welche Funktion hatten die behandelten Einbauten? Über die Küche braucht natürlich kein Wort mehr verloren zu werden, aber der Raum davor? Hier informiert wieder einmal Marie Sophie Weichbrodt, indem sie reimte:

Und die erste Thür auf der Diele
Führt in des Kaufherrn Haupt Comptoir
worin reges Leben verkündet
Ein Geschäft in blühendem Flor.
Gern vergleicht es der Hausherr dem Schiffe
und sich selber dem Capitain,
dessen Steuermann und Matrosen,
treulich ihre Dienste versehen.
Bis zum Schiffsjungen und als solchen
Stellte den eignen Sohn einst vor,
der seit der Knabenzeit heimisch geworden
drinnen in seines Vaters Comptoir.
Dieser selbst auf braun ledernem Sessel
Sitzt in der jungen Leute Verein.
Und in das Hauptbuch: Mit Gott achtzehnhundert
Neun und fünfzig schreibt er hinein
Rede und Antwort giebt er den Fremden
Führt sie der Handelsverkehr bei ihm ein.

Der spätere Laden war also einst das Hauptcomptoir des Kaufmanns und Konsuls Johann Siegmund Mann junior!

Zum Gebrauch der gegenüberliegenden Erdgeschoßräume gibt es dagegen keine so genaue Nachricht. Man geht aber wohl nicht fehl, wenn man annimmt, auch jener Bereich habe zum Geschäftsbereich gehört, lag er doch, wie das Hauptcomptoir, noch vor der Windfangtüre. Die zwei oberen Kammern dürften dagegen die Unterkunft der Dienstboten gewesen sein, denn Räume für diese fehlen ja an der traditionellen Stelle, d. h. über der Küche. Dem Text von Thomas Mann darf man daher Glauben schenken, wenn er schreibt:

Bei der Windfangtüre sowohl wie am anderen Ende lagen Kontorräumlichkeiten, während die Küche ... mit dem Weg zu den Kellern links von der Treppe lag. Ihr gegenüber, in beträchtlicher Höhe, sprangen seltsame, plumpe, aber reinlich lackierte Holzgelasse aus der Wand hervor: die Mädchenkammern ... (*Buddenbrooks*, Teil I, Kapitel 8).

Die eigentliche Diele (Abb. 50) war eine große Halle, eingeteilt in einen breiteren und einen schmäleren Abschnitt mit der Haupttreppe. Sie beanspruchte fast Zweidrittel des Vorderhauses und nahm den ganzen hinteren Bereich ein. Vorne ging sie in den früher erwähnten Korridor über, der zwischen den beiden Einbauten zur Haustür führte. In der Flucht der Küchenlängswand standen in gleichmäßigem Abstand zwei querrechteckige Pfeiler auf hohen Sokkeln. Diese Pfeiler hatten auf allen Seiten pilasterähnliche Vorlagen. An der einen Längswand, auf den Fensterpfeilern der Rückwand und an der Küchenecke gab es ebenfalls solche *Pilaster*. Sie trugen als *Kapitell* abgetreppte Gesimsstücke, ihre Flächen belebten vertieft liegende Spiegel. Drei flache, auf den Pfeilern aufsetzende Korbbögen überspannten die Diele von der Rückwand bis zur Küche. Ihnen entsprachen auf der Längswand des größeren Raumes Blendbögen. Da die Archivolten der hohen Rundbogenfenster, der Fenstertür, aller Korb- und Blendbögen mit profilierten Rahmungen betont wurden, hatte der breitere Dielenraum vor der Haupttreppe ideell die Gestalt einer von Pfeilern getragenen Bogenhalle. Dies war jedenfalls die architektonische Grundvorstellung.

Die Dielendecke lag über einer Voute, die ohne Markierung in die Deckenfläche überging. Letztere war glatt geputzt, wahrscheinlich ohne jede Stuckverzierung. Der Fußboden bestand zuletzt aus grauen sogenannten Gotländer Kalksteinplatten in diagonaler Verlegung. Ein Aquarell von Karl Gatermann (1906), das abwechselnd graue und rote Platten zeigt,

▷ Abb. 50: Mengstraße 4: Die Diele, Blick nach hinten. Die Abbildung vermittelt einen guten Eindruck von der Monumentalität der einstigen Dielenhalle. Ein interessantes Detail ist das Fenster neben der Eingangstür zum Flügel.
Karl Gatermann, Federzeichnung 1911.

ist in diesem Punkt wohl eher ein Phantasieprodukt des Künstlers.
Hinter dem mittleren Bogen, in einigem Abstand, lag die breite Haupttreppe.
Vier Stufen führten zu einem Podest. Dort wendete die Treppe in Richtung Rückwand und gelangte in etwa ⅔ Dielenhöhe über geschlossener Rampe zu dem von einer Art Konsole getragenen Zwischenpodest. Hier befand sich der Eingang zum ersten Flügelgeschoß. Nach erneutem, gegenläufigem Richtungswechsel erreichte die Treppe freischwebend den ersten Stock des Vorderhauses (Abb. V).
Das Treppengeländer war aus Holz – durchbrochene, größere, an einen Vierpaß erinnernde Öffnungen wechselten mit kleinen, runden ab – und zeigte auf der grün gefaßten Grundfläche Ornamente in grauer Farbe. Die Treppenpfosten trugen grau bemalte Rokokoschnitzereien. Unter dem Zwischenpodest lag der Eingang zum Erdgeschoß des Flügels, eine einfache Füllungstür mit einem versproßten Fenster daneben. Eine weitere Füllungstür saß in der Treppenrampe.
Das farbliche Erscheinungsbild (vgl. Abb. V) der Diele bis 1942 ist durch eine Farbaufnahme (vor 1928) ausschnittweise bekannt: Die Wände waren grau bis graublau marmoriert, ebenso die Spiegel der Wandvorlagen und Pfeiler. Decke und Stuckpartien hoben sich in gebrochenem Weiß ab. Hölzerne Teile wie Paneele, Türen, Fensterbrüstungen, Pfeilersockel zeigten zwei Grüntöne, die Rahmen dunklere, die Füllungen hellere.
Von diesem Farbbild weicht das erwähnte Gatermann-Aquarell ab. Die Marmorierungen sind bei ihm in Rot-, Gelb- und Grautönen gehalten, alles Holzwerk ist bräunlich gelb. Da Gatermann aber an exakter historischer Treue nicht interessiert war,

Abb. 51: Die *Polenquadrille,* Ballfest im Hause Mengstraße 4. An der Maskerade nahmen Freunde und Verwandte teil, von den Hausbewohnern Thomas Johann Heinrich (erste Reihe ganz rechts), Friedrich Wilhelm Lebrecht (zweite Reihe Dritter von links) und Olga Maria (letzte Reihe, Zweite von rechts). Das Foto gibt aber auch Auskunft über eine wichtige Einzelheit: vor den Dielenfenstern hingen Gardinen! – Foto (Original verschollen) um 1865.

sondern mehr an der Idee des Ganzen, muß man seinen Farbangaben mit Skepsis begegnen.
Von der ehemaligen Ausstattung der Diele wissen wir (s. S. 103), daß es offenbar riesige alte Mahagoni-Schränke gab, passend dazu große Klapptische. Hinten stand ein lebensgroßes Schaukelpferd. Thomas Mann (*Buddenbrooks*, Teil I, Kapitel 8) erwähnt zusätzlich noch eine geschnitzte Truhe. Sie mag sehr wohl vorhanden gewesen sein, denn solche Truhen hatten in den Lübecker Dielen einen traditionellen Platz. Eine Ergänzung liefert schließlich das Foto (Abb. 51) von der *Polenquadrille* (um 1865), einer Maskerade im Hause Mann, an der offenbar die Jugend der gesamten Verwandtschaft teilnahm. Hinter den prächtig kostümierten Teilnehmern sind die Fenster der Diele zu sehen, aber auch, daß hier große, seitlich geraffte Vorhänge mit einem mittleren, mit Troddeln versehenen Volant hingen. Vor dem einen Fenster oder in seiner Nähe stand, offenbar auf hohem Sockel, eine Siegesgöttin. Solche Figuren dienten manchmal als Leuchter-Halter. Die Diele war also in Mannscher Zeit wie ein Wohnraum eingerichtet, besaß aber sicherlich nur bedingt diese Funktion, beispielsweise bei Festen. Im allgemeinen war sie wohl Durchgangsraum. So konnte Marie Sophie Weichbrodt *dichten*:

Seine Waaren hütet zwar das Lager
Auch der Wallfisch am Travenstrand,
doch auch auf der mächtigen Fliesen Diele
Schon mancher Sack und Kiste stand.
Auch erwähnt sie
Günthers Schaukelpferd neu geschmückt,
Und von wo man die ganze Diele
Mit Säulen und Bogen überblickt.

Der *Walfisch* war übrigens einer der vier (1863) unten an der Trave gelegenen Speicher. Die Namen der anderen waren *Löwe*, *Adler* und *Linde*. Senator Mann erwarb später noch weitere Speicher und erbaute 1873 die Eiche (Abb. 52), ein noch heute vorhandenes, eindrucksvolles Gebäude an der Untertrave (Nr. 34).
Die Diele des Hauses Mengstraße 4 war in manchem vom Vorgängerbau, dazu von gewissen, auch sonst bei anderen Dielen wiederkehrenden konstruktiven Notwendigkeiten bestimmt. Vom Bau des 16. Jahrhunderts abhängig war die große Höhe von über fünf

Abb. 52: Die *Eiche* (Mitte), der 1873 für die Firma *Johann Siegmund Mann* erbaute Speicher an der Untertrave. Nach der Mitte des 19. Jahrhunderts nahm der Handel Lübecks einen stetigen Aufschwung. Bei der Einfuhr standen Holz und Getreide an der Spitze und machten zeitweise drei Viertel des Gesamtimportes aus. Die Getreidehandlung Mann profitierte stark von dieser Entwicklung. Mit dem noch heute vorhandenen imposanten vielstöckigen Backsteingebäude, dessen oberer Abschluß bewußt an Formen der mittelalterlichen Backsteingotik anknüpft, stellte die Firma stolz wirtschaftliche Macht und Selbstbewußtsein zur Schau. – Foto vor 1914.

Metern: Das Erdgeschoß war ja voll übernommen worden. Aber auch die Bogenstellung in dem einen seitlichen Drittel war als konstruktive Notwendigkeit vorgegeben: Die Deckenbalken brauchten wegen der großen Spannweite Unterstützung, einen quer zu ihnen verlaufenden Unterzug mit einer geeigneten Tragekonstruktion. Es entsprach der Tradition und praktischen Erwägungen, den Unterzug nicht in der Mitte des Raumes, sondern seitlich verschoben, einzubauen. Während nun in den älteren oder vom Typus her älteren Dielen der hölzerne Unterzug offenlag, von einer Stütze oder Säule aus Holz getragen, verbarg man in den großbürgerlichen Dielen des 18. Jahrhunderts das eigentliche Konstruktionsmaterial und die Art und Weise der Verwendung hinter Gips und Stuck unter Vortäuschung gefälligerer Formen.

Das älteste feststellbare Beispiel einer Bogenarchitektur mit einer Treppenanlage dahinter in einem Lübecker Haus befand sich in der *Bernstorffschen Kurie*, Kleine Burgstraße 24 (Abb. 53). Dies Haus war 1700 von dem späteren Lübecker Stadtbaumeister Antonio Petrini erbaut oder wohl eher umgebaut worden. Freilich hatte die dortige Eingangshalle nicht die Abmessungen der Diele Mengstraße 4.

Die Bögen der *Bernstorffschen Kurie* waren drei regelrechte Arkaden toskanischer Ordnung. In den Lübecker Dielen fand man sonst entweder einen einzigen weitgespannten Bogen, der, im mittleren Teil oft ganz gerade geführt, den Unterzug erkennen ließ, oder zwei Bögen, auf einem mittleren Pfeiler oder auf einer Säule aufsetzend. Für Erstgenanntes mag die kriegszerstörte Rokokodiele Braunstraße 9 (Abb. 54, 55) als Beispiele dienen. Sie dürfte etwa in der-

Abb. 53: Kleine Burgstraße 24 (Bernstorffsche Kurie): Die Diele mit der Haupttreppe. 1700 befaßte sich der Lübecker Stadtbaumeister A. Petrini mit der Ausbauplanung des Hauses. Auf ihn dürfte die schöne Bogenstellung, hinter der die Treppe ansetzt, zurückgehen. – Die interessante, aus drei gleichartigen barocken Schweifgiebeln bestehende Hausgruppe mußte dem Neubau der Ernestinenschule (1903/04) weichen. – Foto vor 1903.

Abb. 54: Braunstraße 9: Die Diele, Blick auf die Hofwand. Charakteristisch für die Zeit des Rokoko ist die Vereinheitlichung des Dielenraumes und seine Veränderung mit Hilfe von Gips und Stuck. So entspricht dem weitgespannten Entlastungsbogen links ein großer Blendbogen auf der Wand rechts. Die Dreiergruppe der Hofwandfenster, die nicht rund- sondern stichbogig sind, wurde ein beliebtes Motiv. Man beachte auch die typischen Dielenschränke, von denen einer als verglaster Geschirrschrank in die Wand eingelassen ist.
Karl Sager, Federzeichnung 1914.

Abb. 55: Braunstraße 9: Die Diele, Blick auf die Treppenanlage, auf die durchfensterte Küche und die darüber befindlichen Dienstbotenkammern. Davor spannt sich der weite Bogen, der den Unterzug zur Unterstützung der quer laufenden Deckenbalken verbirgt. Er entstand, als der Dielenraum im mittleren 18. Jahrhundert im damaligen Geschmack *modernisiert* wurde.
Karl Sager, Federzeichnung 1914.

Abb. 56: Mengstraße 36 (Altes Schabbelhaus): Die Haupttreppe und die Dielensäule. Bei den großen Dimensionen der um 1770 umgestalteten Diele reichte ein Unterzug *ohne* Zwischenstütze nicht aus. Sie erhielt die Form einer jonischen Säule, der Unterzug wurde als zwei auf der Säule aufsetzende flache Bögen gestaltet. – Bemerkenswert ist die Eleganz der großzügigen Treppenanlage, die, wie im Buddenbrookhaus, über ein aus der Wand hervorspringendes Podest in den ersten Stock führt. – Foto 1904.

selben Zeit entstanden sein wie die Diele Mengstraße 4. Die zweite Möglichkeit führte exemplarisch die Diele des ebenfalls zerstörten alten Schabbelhauses Mengstraße 36 (Abb. 56) vor Augen. Nach den Einzelformen zu urteilen, hatte diese ihr prägendes Aussehen erst gegen 1770 erhalten. Eine doppelte Pfeilerstellung war selten. Bei Mengstraße 4 war sie wegen der großen Tiefe des Raumes notwendig. Durch die drei sehr weitgespannten gedrückten Korbbögen erhielt die Diele ihren ganz besonderen Charakter.

Ebenfalls der Tradition entsprach es, daß man der offenen Bogenstellung einen Blendbogen oder eine Blendbogenreihe auf der gegenüberliegenden Wand antworten ließ. Hier sei wieder Braunstraße 9 angeführt. Blendarkaden als gliederndes Motiv der Dielenwände kamen allerdings auch vor, wenn ein korrespondierender offener Bogen auf der Treppenseite fehlte. Der Anstoß, trotzdem eine Art Bogenhalle auf Pfeilern zu entwerfen, mag dann von den hohen rundbogigen Fenstern der Dielenrückwand ausgegangen sein.

Die Gliederung einer Dielenrückwand mit hohen rund- oder auch stichbogigen Öffnungen, in einer Zweier-, Dreier- oder Vierergruppe zusammengefaßt, gehörte zu weiteren Gepflogenheiten bei Um- und Neubauten des 18. Jahrhunderts in Lübeck. Mit ihrer Fensterlösung stand daher die Diele Mengstraße 4 nicht allein. Noch einmal kann hier Braunstraße 9 als Beispiel dienen. Besonders harmonisch

Abb. 57: Fischstraße 25: Die Diele, Blick auf die Hofwand. Wie bei Fischstraße 9 verdankte der Raum sein Aussehen einer Umgestaltung (letztes Viertel 18. Jahrhundert). Wieder griff man das monumentale Motiv der hohen Fenster auf, die hier rundbogig sind. Die Probleme des Umbaus konnten nicht ganz gelöst werden. So kam es zu dem Konflikt an der linken Seite, wo die Blendarkade der Brandwand auf die Stichkappe über dem Fenster stößt. – Bemerkenswert ist der Geschirrschrank. – Foto um 1925.

gestaltet war die Dielenwand von Fischstraße 25 (Abb. 57), eindrucksvoll auch die Variation Mengstraße 36. Doch noch heute gibt es ein paar Dielen mit rundbogig durchfensterter Rückwand. Am großartigsten ist wohl die Hallendiele Koberg 2, vor noch nicht allzu langer Zeit vollständig restauriert.

Das erste Geschoß mit den Repräsentationsräumen

Die Aufteilung des ersten Stockes ist dank einiger Planzeichnungen (Abb. 58–60) bekannt. Die älteste, von 1895, ist am ungenauesten. Sie begleitete ein Gesuch, im Haus eine Gastwirtschaft einrichten zu dürfen. Die nächste wurde 1898 angefertigt, denn die Lübeckische Staatslotterie war in den vorderen Räumen unterzubringen. Auch diese Zeichnung ist nicht besonders exakt, zeigt aber mehr Details.

Am besten ist ein Plan aus dem Jahr 1907, der auch den Flügel mit einbezieht. Er entstand, weil darüber zu beschließen war, ob das Polizeiamt Büroräume für die Polizeikasse im ersten Stock von Mengstraße 4 mieten sollte. Allerdings liegt ihm keine genaue Aufnahme zugrunde, sondern eher eine Planskizze ohne gründliche Vorarbeit. Dies ersieht man schon aus den eingezeichneten Maßen, denn sie stimmen mit dem Gegebenen nur bedingt überein – z. B. soll das Hofzimmer 6,90 m, das mittlere Zimmer des Flügels 6,50 m lang sein. In der Zeichnung ist jedoch das letztere Zimmer länger als das erstere! Werden so die Proportionen der Zimmer, die Winkel der Gebäudeecken usw. zum Teil fehlerhaft dar-

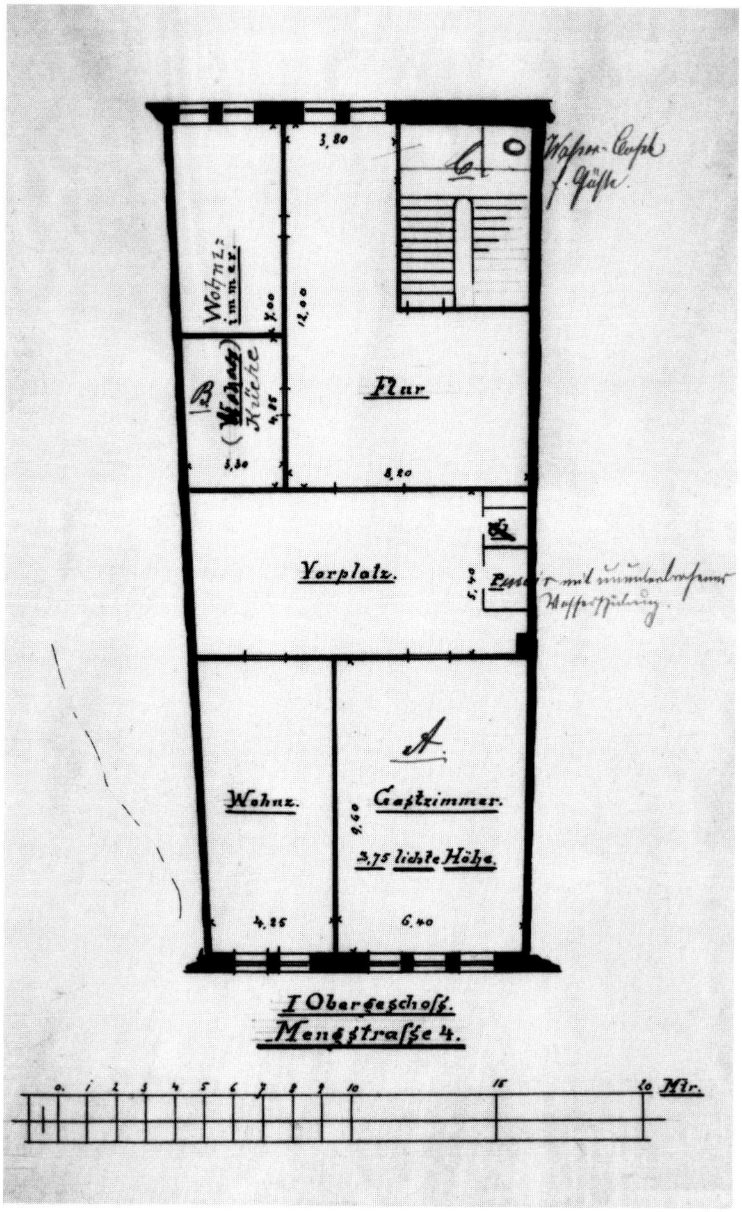

Abb. 58: Mengstraße 4: Der Grundriß der ersten Etage des Vorderhauses. Die Skizze wurde dem Gesuch, eine Gaststätte einrichten zu dürfen, beigefügt. Sie ist nicht sehr genau, gibt aber die grundsätzlichen Verhältnisse wieder. – Federzeichnung 1895.

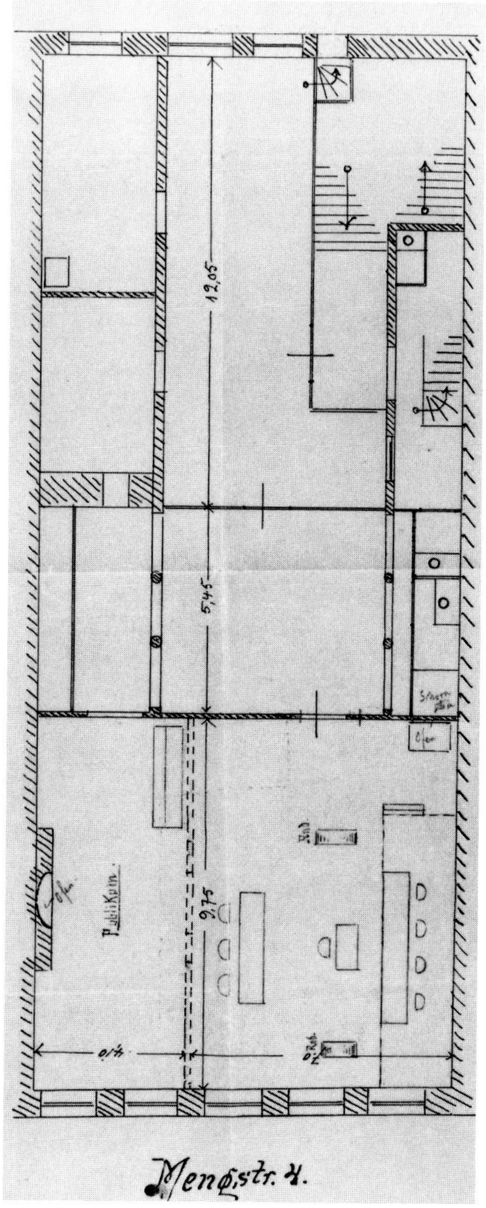

Abb. 59: Mengstraße 4: Der Grundriß der ersten Etage des Vorderhauses. Der Plan zeigt, wie man sich die Einrichtung der Lübeckischen Staatslotterie vorstellte. Dazu mußte man die Wand zwischen den beiden vorderen Zimmern herausnehmen. Auch diese Zeichnung ist nicht sehr genau, bringt jedoch mehr Details als die Skizze von 1895 (Abb. 58). – Federzeichnung 1898.

Abb. 60: Mengstraße 4: Gesamtgrundriß der ersten Etage. Als einziger dokumentiert der Plan auch die Verhältnisse im Flügel. Er setzt die eingeschriebenen Maßangaben jedoch nur ungenau um. – Bleistiftzeichnung 1907.

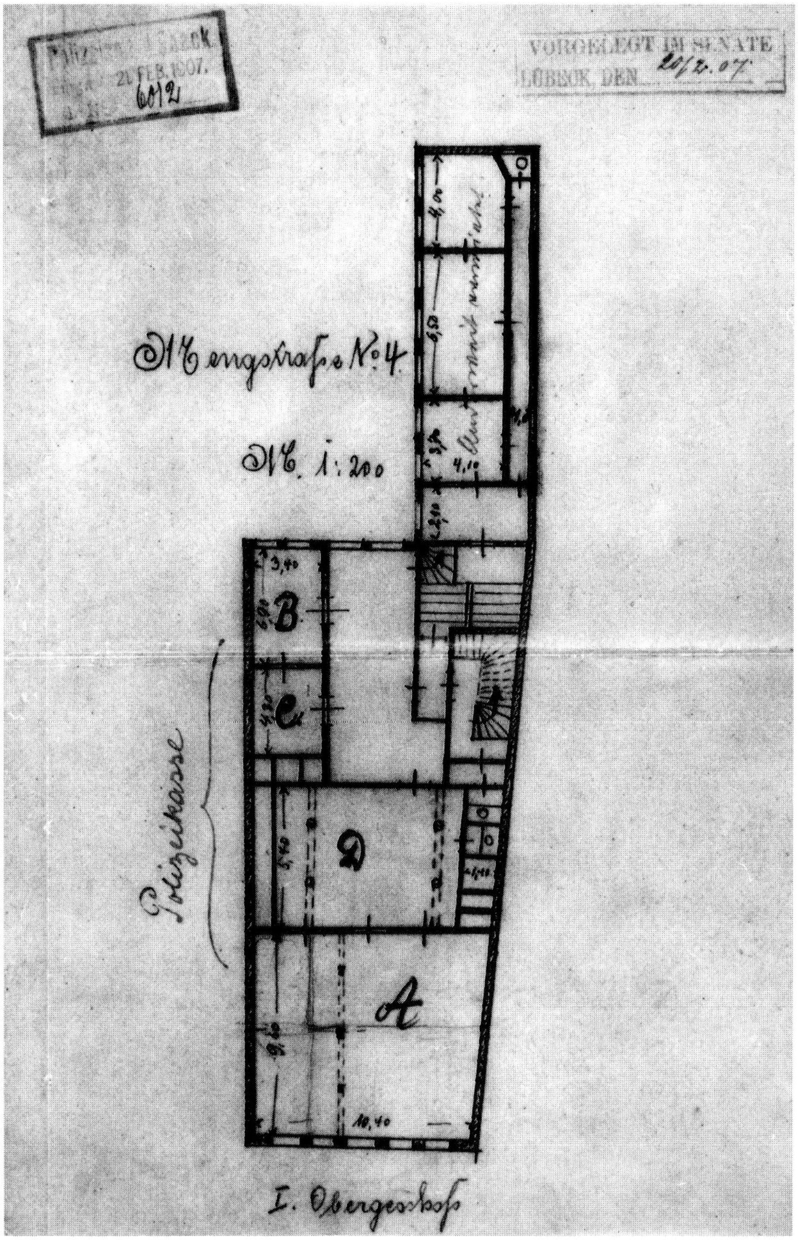

gestellt, sind doch die eingeschriebenen Maßangaben ziemlich verläßlich – geringfügige Abweichungen verstehen sich –, das zeigt der Vergleich mit den Maßangaben der beiden älteren Grundrisse. In jedem Fall vermittelt der Plan von 1907 eine gute Vorstellung von der allgemeinen Raumdisposition. Auch ist er aufschlußreich in bezug auf Veränderungen am ursprünglichen Bestand.

Schließlich gibt es noch zwei Teilgrundrisse (Pausen). Der eine gehört zu einem Kostenvoranschlag des Maurermeisters Heidenreich zur Reparatur der *Closetanlage* (1906) und stellt daher diesen fast in der Mitte des Hauses an der einen Brandwand gelegenen Bereich mit einem Teil der angrenzenden Räume dar. Der andere (1922) zeigt die beiden straßenseitigen Räume in Verbindung mit Zimmern im Nachbarhaus. Da die Teilgrundrisse keine neuen Erkenntnisse vermitteln, kann man sie bei der Betrachtung des Geschosses außer Acht lassen.

Man erreichte den ersten Stock auf dem vom Zwischenpodest nach vorne versetzt aufsteigenden Arm der Haupttreppe. Sie mündete ursprünglich direkt an einem sehr großen Vorplatz, der anfänglich gegen die Treppe nur durch ein Geländer abgesichert war. Indessen zog man hier später eine Bretterwand hoch, die weiter vorn auch den Eingang zur Etage aufnahm, so daß am Treppenende ein kleiner Vorraum entstand. Hier befand sich außerdem noch die Tür zu dem einst von Johann Siegmund Mann jun. abgeteilten Treppenraum mit Stiege zum zweiten Stock. Die beschriebene Veränderung am Vorplatz kann erst erfolgt sein, als man das erste Geschoß als eigenständigen Bereich nutzen wollte, also nach dem Verkauf des Hauses durch die Familie Mann.

Vom Vorplatz aus betrat man seitlich zwei Zimmer, das größere mit zwei Fenstern an der Hoffront, während das kleinere keine Fenster hatte. Die beiden Zimmer waren mindestens später durch eine Tür miteinander verbunden. Der *gefangene* Raum besaß an der einen Schmalwand Wandschränke. Zur Funktion der beiden Räume in Mannscher Zeit läßt sich Marie Sophie Weichbrodt folgendermaßen vernehmen:

Denn in dem dunkeln Vorplatzzimmer
Da waren wir fleißig in alter Zeit.
Im Vocabeln lernen und Aufsätze schmieden
Da brachten's wir wahrlich ziemlich weit.
Das hintere Zimmer ist vieles gewesen,
Wohnstube, Eßzimmer allerlei.
Dort wurde des Donnerstags Abends gelesen,
Und jetzt dient es oft zur Schneiderei.

Vom Vorplatz aus erreichte man noch die kleine Treppe hinauf zum Dachboden des Flügels, vorne aber die die ganze Hausbreite einnehmende *Säulenhalle.* Sie hieß nach den vier Stützen, die den Raum in einen größeren, mittleren und zwei kleinere, seitliche Abschnitte teilten. Stand man in der Säulenhalle, befand sich links hinter den Säulen die oben schon erwähnte *Closetanlage.* Sie war erst später eingebaut worden und störte die Symmetrie der dreiteiligen Säulenhalle, um derentwillen einst rechts eine Abseite abgetrennt worden war.

Möglich war in Lübeck eine solche WC-Einrichtung erst seit 1869. Allerdings rührte sich in der Bevölkerung anfangs noch starker Widerstand, einerseits wegen der Kosten, andererseits aus Abneigung, das traditionelle Abfuhrsystem, von dem die städtischen Gärtner ihren Vorteil hatten, aufzugeben. Nachdem nämlich in den Höfen Schwind-, Senkgruben und Kloaken, über denen die *heimlichen Gemächer, Privets* oder *Appartements* standen – auch auf dem Grundstück Mengstraße 4 –, verboten worden waren, rückte die Wasserspülung als fortschrittliche Lösung in den Blickpunkt, zumal man 1867 ein mit Dampfkraft betriebenes Wasserwerk an der Wakenitz, das die alten *Wasserkünste* ersetzte, installiert hatte und damit die Möglichkeit gegeben war, die oberen Etagen der Häuser an die Wasserleitung anzuschließen.

Die Gegner führten freilich außer der Verringerung des Düngungsmaterials noch ein anderes Argument ins Feld, nämlich daß bei Einführung des *Schwemmsystems* die beiden Flüsse Trave und Wakenitz zu sehr verunreinigt würden. Die Stadtregierung fällte in diesem heftig geführten Streit eine weise Entscheidung: Sie erlaubte die Wasserspülung, vorausgesetzt, die erforderlichen Wasseranschlüsse waren ordnungsgemäß ausgeführt und es gab eine direkte Verbindung mit dem Hauptsiel, ohne das Nachbargrundstück zu berühren. Das Kübelsystem, das an die Abfuhr durch die Gärtner gebunden blieb, wurde weiter gestattet. In der Tat lebte die Abfuhr bis weit ins 20. Jahrhundert fort.

Was soll man in bezug auf Mengstraße 4 vermuten? Am wahrscheinlichsten dürfte sein, daß die alte Konsulin Mann alles beim alten zu belassen wünschte, lebte sie doch damals allein im Haus, umhegt von ihrem Personal. Den Gang auf den Hof brauchte sie ja nicht zu tun, wenn an bequemer, aber verschwiegener Stelle der Stuhl mit dem großen Messingtopf darunter stand . . .

Zurück zur *Säulenhalle:* Schräg gegenüber dem Eingang vom Vorplatz aus befand sich die verglaste Flügeltür zum *Saal,* der drei Fenster an der Mengstraßenfront besaß, rechts hinter den Säulen diejenige zu dem kleineren, zweifenstrigen Zimmer. Die Mauer zwischen beiden Räumen, die ursprünglich durch eine in der Mitte der Trennwand befindliche Flügeltür miteinander verbunden waren, hatte man allerdings 1898 für die Bedürfnisse der Lübeckischen Staatslotterie (Abb. 61) geopfert. Über das Aussehen der beiden Zimmer unterrichten uns zwei schon 1924 veröffentlichte, im Original verschollene Fotografien. Die Familie dürfte den Auftrag zur Ablichtung am ehesten nach dem Tod der Konsulin Mann (1890) gegeben haben, zur Erinnerung an das, was nun zu Ende war . . .

Abb. 61: Mengstraße 4: Blick in die zur Staatslotterie umgestalteten vorderen Räume der ersten Etage des Vorderhauses. – Foto um 1905.

Bevor wir uns aber der Betrachtung der Fotos zuwenden, soll Marie Sophie Weichbrodt erneut zu Wort kommen, denn sie beschreibt in ihrem Gedicht das gesamte Ambiente, wie es damals (1858/59) beschaffen war, und zwar authentisch, ohne Verklärung:

Von der Diele auf Decken belegter Treppe
Gelangt man zum Vorplatz hin
Wo aus glänzenden Blumenkelchen,
Abends leuchtende Gasflammen sprühn.
Dort ist die trauliche Säulenhalle
Drinnen gar fröhliches Leben sich regt,
Wenn durch die bunten geschmückten Räume
Sich die Menge der Gäste bewegt.
Von der Decke die farbige Ampel,
Strahlet das Licht im bunten Schein,
Ueber der Teppiche Blumengewinde
in die funkelnden Gläser hinein
Zwischen den Epheu umrankten Säulen,
Plaudern gemüthlich der Gäste zwei,
Auf den dammastnen rothen Gestühlen,
Und beschauen die Gemälden dabei.
Die an der Wand dem Aug' eröffnen
Einen Blick in das Schwarzwaldthal
Mit seinen tannenbewachsenen Höhen,
Seinen Hütten am Bergesfall.
Und noch mehr solche Wandgemälde
Schaust Du durch die geöffnete Thür
In dem Landschaftszimmer daneben,
Dessen seltene kunstvolle Zier
Ist die gegossene deckenhohe Pforte,
Die zu dem Ofen führt,
Daran mit Blumen und Laubgewinden

Sind die metallenen Stäbe verziert.
Durch die geöffneten Flügelthüren
Hast in den großen Saal du geblickt,
Dessen Wände, die dunkelblauen,
Sind mit antiken Figuren geschmückt
Hier war der Hauptsitz der festlichen Freude
Wenn sie die Räume des Hauses durchweht
Hier der Erinnerung schaffenden Zauber
Manches lebendige Bild entsteht.
Hier an langer Tafel gereihet
Umgab der Gäste zahlreiche Schaar
Den Vater der mit dem Sohne
Vereint, wirkte schon 25 Jahr.
Aus dem hohen Silberpokale
Der die Runde im Kreise gemacht
Ward manch ein Trunk ihm zu Ehren genommen,
Manch guter Spruch ihm dabei gebracht

Vergleicht man den Gedichttext mit den Fotos, findet man in vielem Übereinstimmung. Allerdings bringt das Bild vom *Götterzimmer* (Abb. 62) weniger Details zur eigentlichen Dekoration als zur Möblierung. Immerhin ist die linke Wand etwa zur Hälfte zu sehen. Das macht eine Rekonstruktion des Dekorationsschemas dieser Wand und damit auch der gegenüberliegenden möglich:
Beide waren sie mit je vier kannelierten, wohl jonischen Pilastern in fünf Felder gegliedert. Die Pilaster standen auf einem niedrigen, umlaufenden Sockel, der die Stelle eines Paneels vertrat, und reichten vielleicht bis zum Deckengesims hinauf, denn ein Gebälk ist nicht erkennbar. Im zweiten und vierten Feld sah man jeweils eine klassische Götterfigur auf hohem Postament – zu sehen ist aber nur die im vierten, eine weibliche Gewandfigur mit einem Kranz in der herabhängenden Linken und mit einer Schale in der angewinkelten, hochgehobenen Rechten.
Wie das mittlere Wandfeld ursprünglich ausgeschmückt war, ist nur zu vermuten. Hier hängt nämlich ein Tafelbild im schweren, ornamentalen Rahmen mit einer Landschaft (vgl. *Buddenbrooks*, Teil I, Kapitel 3), darunter steht ein dreiteiliges Buffet mit Marmorplatte in Neurokokoform. Vielleicht ersetzte das Tafelbild eine früher auf die Wand gemalte, das ganze Feld bedeckende Landschaft. Bei der gegenüberliegenden Wand stellt sich die Frage nicht, weil dort die Flügeltür zum Nachbarzimmer saß.
Die Dekoration der Eingangs- und Schmalwand ist nicht dokumentiert. Doch dürften die Wandpartien links und rechts der Tür ebenfalls mit Pilastern gegliedert gewesen sein, und zwar so, daß jedenfalls auf der einen Seite ein Mittelfeld mit einer Götterfigur entstand. Auf der anderen Seite, in der Ecke, stand der Ofen. Er ließ eine regelmäßige Weiterführung des sonst symmetrischen Systems an dieser Stelle nicht zu.
Die Möblierung war die eines Eßsaales. Neben dem Buffet standen, dicht an dicht, sechs hochlehnige Stühle in einem Mischstil aus Renaissance- und Barockelementen. In der Mitte, auf einem großen Ornamentteppich, der aber einen Teil des Bodens frei ließ, sah man einen spätbiedermeierlichen, runden, ausziehbaren Tisch. Auf ihm lag eine teilweise gehäkelte, herabhängende Decke. Über dem Tisch schwebte die breite Metallkrone, dicht behängt mit länglichen, geschliffenen Glasprismen. Die Fenster zeigten seitlich geraffte Gardinen aus dunklem, undurchsichtigen Stoff mit mittlerem Lambrequin und weiße, durchscheinende, ebenfalls etwas geraffte Untergardinen. Der sichtbare Fensterpfeiler war mit einem Ovalbild in rechteckigem Rahmen und mit einer Konsole, auf ihr eine weibliche Figur in antikem Stil, dekoriert. Früher dürfte sich hier, wie auf dem nächsten Pfeiler, ein Trumeauspiegel befunden haben. Vor den Fenstern standen metallene Blumenständer von unterschiedlicher Form mit Blattpflanzen. In der Ecke zwischen Seitenwand und Fenster hatte ein hoher siebenarmiger klassizistischer Kandelaber seinen Platz. Sonst waren noch zweiarmige Wandleuchter mit Prismenbehang an den Pilastern zu beiden Seiten des Buffets und wohl der Türen zu finden. Das Buffet, das einen kleinen Aufsatz hatte, war voll beladen mit verschiedenen Geräten, teilweise zum Gebrauch bei Mahlzeiten. Zu unterscheiden ist eine Petroleumlampe, eine Menage und eine Deckelschale.
Der auf dem Foto nicht abgebildete Teil der Möblierung läßt sich in der Vorstellung leicht ergänzen. Es gab wohl mindestens zwölf Stühle, und vor dem dritten Fenster stand vermutlich die gleiche Jardiniere wie vor dem ersten. Der Kandelaber dürften es insgesamt vier gewesen sein, in jeder Ecke einer. Außerdem waren sicherlich die von Thomas Mann erwähnten *steiflehnige*(n) *Sofas in rotem Damast* (*Buddenbrooks*, Teil I, Kapitel 3) vorhanden, Platz fand sich an der Eingangswand oder zu beiden Seiten der anderen Flügeltür.

Abb. 62: Mengstraße 4: Das *Götterzimmer*. Die verschollene Originalaufnahme entstand wohl nach dem Tod der Konsulin Elisabeth Mann 1890. Das Bild vermittelt einen guten Eindruck von der damaligen Einrichtung. Reproduktionsfoto aus den *Vaterstädtischen Blättern* vom 19. Oktober 1924.

Das Foto vom *Landschaftszimmer* läßt so viel von der Dekoration der Wände erkennen, daß das Schema vollständig rekonstruiert werden kann. Die Eingangswand war in mehrere Abschnitte eingeteilt. Der mittlere und breiteste mit der Flügeltür wurde von einer Borte eingefaßt. Über der Tür saß als Supraporte eine gerahmte Lunette. Das Bogenfeld zeigte zwei Fasane und einen kleineren Vogel im Gezweig, die Zwickel waren mit Fächern ausgefüllt. Die Felder seitlich der Tür hatten schmale Eierstabborten. In Höhe des Türkämpfers verlief ein waagerechter Mäanderstreifen und bewirkte eine größere untere und eine kleinere obere Hälfte. Hier sah man einen längsovalen Lorbeerkranz, dort eine stehende klassische Figur auf angedeuteter Standfläche (links ein halbnackter Jüngling, rechts ein Krieger mit Helm, Schild und Speer). Nach außen folgte darauf ein schmaler, bortenumrahmter Streifen, der sich auf den Längswänden wiederholte. Dort schloß sich ein breites, gerahmtes Feld mit einer großen Landschaft an. Dann wurde der Abschnitt mit Eierstabborte, Mäanderquerteilung und Figur (Jüngling mit Bogen) repetiert. Er stieß an die halbrunde Ofennische gegenüber der Tür zum *Götterzimmer*. Auch die Ofennische war, wie beide Türen, mit kannelierten, an den oberen Eckpunkten mit Rosetten auf Quadratscheiben besetzten Bekleidungen versehen. Nach der Nische kehrte die beschriebene Wandaufteilung wieder und fand als Ganzes Entsprechung auf der Gegenseite. Allerdings war auf der Supraporte das Fasanen-

Abb. 63: Mengstraße 4: Das *Landschaftszimmer*. Die verschollene Originalaufnahme entstand vermutlich zum selben Zeitpunkt wie Abbildung 61. Das Landschaftszimmer war der Salon des Hauses. Die geöffnete Tür gibt den Blick in die Säulenhalle frei. Reproduktionsfoto aus den *Vaterstädtischen Blättern* vom 19. Oktober 1924.

motiv, bei sonst sehr ähnlicher Komposition, durch ein solches mit Papageien ersetzt. Faßt man die wesentlichen Dekorationselemente zusammen, ergibt sich, daß das *Landschaftszimmer* vier große Landschaftsgemälde und sechs unterteilte Felder mit Lorbeerkränzen und klassischen Figuren hatte. Als umlaufender Sockel diente ein hölzernes Paneel.

In der Beschreibung fehlt noch das Gitter der Ofennische. Es bestand aus Stäben, die im unteren Bereich eine Arkade bildeten. Diese wurde jeweils von einem dünneren Stab geteilt, auf dem in der Mitte eine Art Kugel saß, und der in einer hängenden Glockenblüte endete. Es folgte ein Horizontalstreifen mit einander sich abwechselnden Stäben und Rhomben. Das übrige Gitter wiederholte die untere Arkadenaufteilung. Die dünneren Stäbe, die aus einer Glockenblüte entsprangen und in einer solchen endeten, wurden jedoch in der Mitte von einer Rosette geteilt , die nach oben und nach unten wieder glokkenförmige Blüten aussandte. Die Ofennische selbst war vielleicht mit Pflanzenmotiven bemalt.

Von der Fensterfront wissen wir, daß der Pfeiler einen großen Trumeauspiegel trug.

Die Möblierung des Zimmers, wie sie das Foto zeigt, ist die eines bürgerlichen Salons seit etwa Mitte des 19. Jahrhunderts. Zum Teil mochte sie, wie auch diejenige des Eßsaales, noch aus dem Jahr 1842 stammen, als Johann Siegmund Mann jun. 1778 Courantmark und 6 Schillinge *für die wegen Ankauf des Hauses entstandenen und mir anderweitig zur Möblirung desselben angeschafften Gegenstände, meistens in Auction zu Auctionspreisen erstanden* in seinem *Journal* eintrug. Kulturgeschichtlich ist dieser Hinweis aufschlußreich: Mann gab also die benötigten Möbel nicht etwa beim Tischler in Auftrag, sondern kaufte sie fertig! Das konnte nur auf Auktionen geschehen, denn diese waren die übliche und herkömmliche Verkaufsart für all das, was nicht von den Krämern und Kleinhändlern in offenen Läden feilgeboten wurde. Manns gekaufte Möbel waren jedoch nicht etwa alt, denn es ist nicht die Rede von Nachlaßauktionen. Vielleicht waren sie aber keine einheimischen Tischlerarbeiten, sondern eingeführte! Verständlicherweise konnte man solche noch weniger im Geschäft kaufen, denn die Einfuhr besorgten ja die Kaufleute, die gerade keinen Laden halten durften. Der öffentliche Verkauf ihrer Waren geschah eben auf der Auktion und war seinerseits das Privileg der eigens dafür eingesetzten und vereidigten Makler! Solche Vorschriften und Gebräuche waren streng einzuhalten.

Zurück zur Möblierung des Landschaftszimmers: In der linken Ecke sehen wir eine mit einer Decke belegte Eckkonsole, auf ihr zwei spätbiedermeierliche Vasen mit Blattsträußen, dahinter eine weiße Figur in klassischen Formen, und wieder dahinter einen Trockenstrauß (*Makart-Bukett*). Vor der Konsole, parallel zur Rückwand, steht eine gepolsterte Liege, vermutlich mit gemustertem Plüsch überzogen. Vor ihr ist ein gepolsterter Stuhl mit Fransen und hoher Lehne, die man sich an der Vorderseite reich geschnitzt vorzustellen hat, schräg in den Raum hineingerückt. Zu ihm gehört wohl ein zierliches Etagèrentischchen auf drei nach innen gekurvten dünnen Beinen mit runder Platte: von ihr hängen, nur sehr schwach sichtbar, sich überschneidende Ketten herab. Das Tischchen steht am Fußende der Liege. Fast an diese herangerückt, aber schon an der Längswand, ahnt man gerade noch eine Kommode. Auf ihr liegt zusammengeschoben ein helles Tuch, das teilweise etwas zu verdecken scheint. Die Kommode wird von einem schräg in den Raum hineinragenden staffeleiähnlichen Gestell mit einer Tafel überschnitten. Auf ihr liest man *Gedenke Mein!* Schon fast bei der Ofennische folgt ein hohes Postament. Es trägt eine flache Fußschale, welche abermals auf einem Sockel steht, mit einem Pflanzenarrangement.

Die Möblierung der rechten Zimmerhälfte sieht folgendermaßen aus: Neben der Tür ist zunächst ein Stuhl mit geschweiften Beinen, gepolstertem Sitz und Lehne aufgestellt. In der Ecke steht ein hoher, dunkler Sockel oder ein halbhoher Eckschrank mit heller Platte. Hier erblickt man eine Petroleumlampe mit vasenartigem Fuß. Über ihren Schirm ist ein Tuch gebreitet. Auf dem Fußboden stehend, vor dem Eckschrank, kann man einen weiteren Gegenstand erahnen. Es mag sich vielleicht um einen Korb (Teekomfort?) handeln.

Beherrschendes Möbel der Längswand ist ein Klavier (Harmonium?). Vor ihm steht ein Stuhl mit durchbrochener, gerader Lehne, gepolstertem Sitz und offenbar geschweiften Vorderbeinen. Auf ihm liegt diagonal, ein Kissen mit Troddeln an den Ecken. Das Klavier wurde ebenfalls als Abstellfläche benutzt: Man sieht eine niedrige Petroleumlampe, deren Schirm wieder mit einem Tuch drapiert ist, und ein weiteres Objekt, möglicherweise eine Porzellanfigur. An das Klavier herangerückt folgt, als letztes erkennbares Möbel, ein rechteckiger Etagèrentisch (*Stummer Diener*) mit zwei Fächern und gedrechselten Stützen. Hier lagen vermutlich die Klaviernoten. Am rechten unteren Bildrand ragt ein weiteres Möbelstück in den Raum hinein. Ob Tisch, Kommode oder Stuhl ist leider nicht erkennbar.

Der Fußboden des Zimmers war ganz von einem gemusterten Teppich bedeckt. Zur Beleuchtung diente ein großer Metallkronleuchter flämischen Typs, und zu beiden Seiten der Flügeltüren zweiarmige Wandleuchter mit Prismenbehang, wie im angrenzenden *Götterzimmer*. Über dem Klavier, vielleicht aber auch bei der Tür zum *Götterzimmer*, hing der Klingelzug zum Herbeirufen des Dienstpersonals.

Das Foto vom *Landschaftszimmer* gewährt ausschnittweise auch einen Blick in die *Säulenhalle*. Man sieht ein schmales, stehendes, bortenumrahmtes Wandfeld links, an das sich nach rechts ein weiteres, großes Feld anschließt. Hier kann man eine gemalte, bergige Landschaft erkennen. Sie ist als Ausblick von einem Altan aus konzipiert: Ein gemaltes Stabgitter mit einer dünnen Stütze in der Mitte, welche nach oben in Voluten endet und ein Gebälk trägt, trennt den Betrachter von der Aussicht. Über dem Gebälk zeichnet sich noch ein akroterähnliches Ornament ab. Es ist anzunehmen, daß sich dieses Arrangement hinter der Säulenstellung bei dem *Götterzimmer* aus Symmetriegründen wiederholte.

Die restliche Ausschmückung der *Säulenhalle* kennen wir nicht. Man kann aber davon ausgehen, daß das Prinzip der Aufteilung der Wandflächen in Felder beibehalten war und daß auf rein ornamental behandelte Abschnitte solche mit Landschaftsbildern folgten. Weitere Landschaften gab es jedenfalls, wie aus dem Gedicht der Frau Weichbrodt hervorgeht. Ebenfalls nach ihr waren die Säulen der Halle efeuumrankt, was nur bedeuten kann, daß den Säulen, die wohl jonischer Ordnung waren, Efeuranken aufgemalt waren.

Der Ausschnitt aus der *Säulenhalle* zeigt noch zwei Möbelstücke: Ganz links steht ein halbrunder Louis-XVI-Spieltisch zum Aufklappen, vor dem Landschaftsbild ein Polsterstuhl in den Formen des zweiten Rokoko. Es wird einer der rotdamastenen Stühle des Gedichtes sein. Als Deckenbeleuchtung erkennt man eine ampelförmige Lampe. Sie ist aus verschiedenen Glasscheiben in Rahmen zusammengesetzt und an Ketten aufgehängt.

Säulenhalle, Landschaftszimmer und *Götterzimmer* bildeten neben der Diele den zweiten künstlerisch herausragenden Höhepunkt im Haus Mengstraße 4. Aufgrund einer Reihe von Merkmalen und Eigenheiten läßt sich dieses Raumensemble des ersten Stockwerks dem bedeutenden dänisch-deutschen Künstler *Joseph Christian Lillie* (1760–1827) zuweisen.

Lillie, ausgebildet an der Kunstakademie in Kopenhagen, wurde zunächst Inspekteur am kgl. Möbelmagazin, dann königlicher Hofdekorateur. Nach dem Tod seines Vaters übernahm er dessen Möbelwerkstatt und ließ dort seine eigenen Entwürfe ausführen. Er machte jedoch 1798 Konkurs und floh in die freie Reichsstadt Lübeck. Hier begann er eine ausgedehnte Tätigkeit als Architekt. Noch aus seiner Kopenhagener Zeit hatte er gute Beziehungen zu seinem Kollegen, dem angesehenen und berühmten Christian Friedrich Hansen (1756–1845), einst Landbaumeister von Holstein, und zum Adel des dänischen Gesamtstaates, dessen Familien ja auch in Holstein, Lauenburg und Mecklenburg ansässig waren. Lillie war daher schnell ein gefragter Mann und erhielt die Aufträge zum Bau mehrerer Herrenhäuser (z. B. Petersdorf in Holstein, Gudow in Lauenburg, Schönberg und Pritzier in Mecklenburg). In Lübeck liierte er sich mit dem Maurermeister J. Chr. Lund, um den Vorschriften der Zunftordnung gerecht zu werden. 1804 wurde er *Directeur und erster Lehrer der Architecture, Perspective und Geometrie* an der *Freien Zeichenschule für angehende Handwerker* der Gesellschaft zur Beförderung gemeinnütziger Tätigkeit in Lübeck, 1813 Stadtbaumeister.

Es versteht sich, daß Lillie auch der bevorzugte Architekt und Ratgeber in Bau- und Dekorationssachen des tonangebenden Lübecker Bürgertums wurde: Zum Beispiel ließen die Inhaber der größten Weinhandelsfirma am Platz, Jacob Wilhelm Brandt und Thomas Günter Wunderlich, verwandtschaftlich mit den Manns verbunden, ihre Häuser (Große Petersgrube 29, mit einer als Repräsentationsraum verwendeten Säulenhalle, und An der Obertrave 16) von Lillie bauen und ausschmücken, ebenso der Schwager von Johannes Croll, Simon Hasse (Beckergrube 22). Sein Meisterwerk lieferte Lillie aber mit dem Teilumbau und der Neugestaltung des Hauses Königstraße 11, dem heutigen Behnhaus, für den Kaufmann, Senator und Bürgermeister Mattheus Rodde.

Lillie, von Caspar Frederik Harsdorff geschult, ausgerichtet an englischen Vorbildern (Adam, Sheraton), aber auch die Entwicklung in Frankreich aufmerksam verfolgend (Percier und Fontaine), war Klassizist mit durchaus selbständiger Prägung. So folgte er den allgemeinen Richtlinien der zeitgenössischen Innenarchitektur, entwickelte dabei aber einen erkennbar eigenen Stil. Dazu gehört, daß er stets nach einer Variation der Raumformen in einer Raumfolge strebte und Vorlieben für ganz bestimmte Dekorationsmotive und -elemente hatte.

Im Haus Mengstraße 4 folgten so auf die querliegende, mit Stützen strukturierte *Säulenhalle* ein großer und ein kleiner Längsraum. Alle Zimmer wurden außerdem ihrer Funktion oder Bedeutung nach charakterisiert: Die *Säulenhalle* war Repräsentations- und Eingangsraum; deshalb zeichnete sie der Architekt als festlichen Auftakt durch die Säulen aus, wie er es auch sonst gerne bei Vestibülen und Eingangshallen tat.

In Lübeck ist sein Haus Ratzeburger Allee 16 ein Beispiel, aber auch die merkwürdige *Säulenhalle* im zweiten Stock des Behnhauses, von ihrer Funktion her ein *Verteiler*. Dem Hauptsaal und Eßzimmer gab er Ernst, Strenge und Würde durch die unmittelbar vor den blauen Fond gestellten Pilaster (!) und die dazwischen postierten *antiken* Götterfiguren.

Beim kleineren *Landschaftszimmer* (Abb. 63), dem intimeren Gesellschaftsraum, der die Rolle des

Salons übernahm, wählte Lillie einen anderen Weg: Vor allem, um die Längswände nicht zu einförmig wirken zu lassen, teilte er sie nach herkömmlichem Rezept in Felder auf, die er als unterteilte und dekorierte Wandstücke stehen ließ oder mit Landschaftsbildern gleichsam öffnete. Durch den Wechsel von schmalen und breiten, dazu noch unterschiedlich behandelten Feldern erreichte er Spannung und geistreiche Variation, auch im Hinblick auf das *Götterzimmer* nebenan: Dort standen die großformatiken Antikenstatuen in einer pilastergeschmückten Halle „real" auf dem Grund; dort schwebten sie, zwar plastisch wie jene gemeint, auf der Wand! Die Landschaften wurden ebenfalls in zweifacher Weise künstlerisch *eingesetzt*: Im *Landschaftszimmer* waren sie mehr Bild als Ausblick, in der *Säulenhalle* wurde dagegen ihre illusionäre, jedoch ins Reale weisende Rolle, Aussicht von einem definierten Ort aus zu sein, mehr hervorgehoben, denn die Landschaften lagen vor einem als wirklich gedachten und daher mit einem gemalten Brüstungsgitter versehenen Altan!

Besonders die Aufnahme von *Landschaftszimmer* vermittelt Hinweise auf das künstlerische Repertoire Lillies. Wie zu erwarten, zeigt sich, daß der Architekt den allen ausgebildeten Künstlern seiner Zeit bekannten und zugänglichen klassizistischen Formenschatz verwendete und nicht unbedingt darauf aus war, Neues zu erfinden. Er behielt aber die Entwicklung und das, was Mode war, im Auge. Seine Eigenart erweist sich nun darin, wie er die einzelnen Dekorationselemente einsetzte und wofür er eine besondere Vorliebe hatte.

Daß die Raumform der Halle mit eingestellten Säulen ein Lillie-Motiv ist, wenn auch kein ausschließliches, wurde schon erwähnt. Das Besondere ist aber wohl, daß er diese Raumform gern einsetzte, um Unregelmäßigkeiten im Grundriß auszugleichen, so in Mengstraße 4, Königstraße 11 und Große Petersgrube 29 (Abb. 64).

Bei den einzelnen Dekorationselementen fällt auf, daß Lillie immer wieder die Lunettenform für Supraporten wählte, sie in ein Rechteck einstellte und die entstehenden Zwickel mit *Fächern* oder *Segeln* ausfüllte, wenn er sie nicht riefelte. Geradezu charakteristisch für ihn sind dann die flachen, brettmäßigen, kannelierten Türbekleidungen, deren Kreuzungspunkte mit quadratischen Platten und geschnitzten oder gedrechselten Rosetten besetzt werden. Typisch

Abb. 64: Große Petersgrube 29: Das Säulenzimmer. Joseph Christian Lillie (1760–1827) baute 1804 das Eckgebäude zu der Straße An der Obertrave auf der Südseite um. Dem an der Seite zur Petersgrube gelegenen Saal im ersten Geschoß gab er die Gestalt einer Säulenhalle. Mit den Stützen konnte er Unregelmäßigkeiten des Grundrisses ausgleichen. – Foto ca. 1979.

sind auch die kleinen, freischwebenden Antikenfiguren auf ihren Standflächen. Noch in seinem letzten Werk, im Herrenhaus Gudow, hat er das Thema in Gestalt kleiner, weißer Medaillons aus Stuck auf blauem Fond im Vestibül variiert. Solche Figürchen waren aber in der Form ihrer Ausführung nicht unbedingt eine Erfindung Lillies, dafür aber typisch in der Art ihrer Verwendung. Ein Beispiel: Für die Wanddekoration des *Blauen Salons* im Behnhaus (Königstraße 11) griff er auf die Tafel *Panneaux ... de l'Atélier de Peinture du C. I.* **** von Charles Percier (1764–1838) zurück, die auf Planche 5 des seit 1801 in einzelnen Heften erscheinenden und 1812 zu 72 Tafeln zusammengefaßten *Récueil de décorations intérieures* (Koautor Pierre-Francois-Léonard Fon-

Abb. 65: Breite Straße 42: Das Säulenzimmer. – Joseph Christian Lillie (1760–1827) schätzte die repräsentative Gestalt der Säulenzimmer sehr. Wenn sie im ersten Stock lagen, verwendete er entsprechend den Vorschriften der klassizistischen Architekturtheorie die jonische Ordnung, die er sicherlich auch im Buddenbrookhaus benutzte. – Foto vor dem Abbruch, wohl gegen 1900.

taine (1762–1853) zu sehen war, wie er übrigens auch die Deckenmalerei dieses *Ateliers* (pl.3) im wesentlichen für die Säulenhalle des Hauses Breite Straße 42 (Abb. 65), heute in veränderter Form im Lübecker St.-Annen-Museum eingebaut, daraus übernahm.

Daß er aber die solchermaßen kopierten Personifikationen der Wissenschaften und Künste – wenn der heutige, nicht unberührte Zustand den ursprünglichen wiedergibt – ohne Umrahmungen mitten in die Wandfelder des *Blauen Salons* setzte, das war dann wohl Lillie selbst und hat eine Parallele in einem seiner Entwürfe für ein unbekanntes Haus (Abb. 66). Es ist daher damit zu rechnen, daß auch die Antikenfiguren, große und kleine, der Repräsentationszimmer im Haus Mengstraße 4 einer Vorlage oder Stichpublikation entnommen waren.

Mit anderen Dekorationsmotiven verfuhr Lillie ebenso: Die Fasanensupraporte im *Landschaftszimmer* ließ er nach dem *Sujet d'oiseaux* (Abb. 67) von Joseph Laurent Malaine, 1794–98 zum ersten Mal bei Hartmann & Rieseler in Mülhausen/Elsaß als Tapete gedruckt, kopieren! Die Abweichungen waren gering: Es fehlte der Korb, das Gezweig differierte ein wenig, der kleine linke Vogel war ein anderer. Der Fond hatte wohl auch eher eine helle, nicht die dunkle Farbe des überlieferten Supraporten-Exemplars aus der Sammlung der Lübecker Tapetenhandlung Matz, die 1933 dem Museum für Kunst und Kulturgeschichte der Hansestadt geschenkt wurde. Doch konnten die Tapetenstücke offensichtlich in unterschiedlichen Fondfarben geliefert werden. Das Gegenstück mit Papageien, das im Deutschen Tape-

Abb. 66: Joseph Christian Lillie (1760–1827): Entwurf für ein unbekanntes Haus (Ausschnitt). Das abgebildete Repräsentationszimmer sollte im ersten Stock liegen. Es zeigt einige typische Merkmale des Lillieschen Stiles wie die Lunettenform der Supraporten mit dem Fächermotiv in den Zwickeln und die rahmenlos vor der grünen Fläche der Wandfelder stehenden Antikenfiguren. Joseph Christian Lillie, Federzeichnung, aquarelliert, um 1805/06.

tenmuseum in Kassel aufbewahrt wird – es fand wohl als zusammengehörig für die zweite Supraporte der anderen Flügeltür im *Landschaftszimmer* Verwendung –, hat jedenfalls eine graugrüne Grundfarbe. Nach all dem dürfte erlaubt sein, für die Landschaften der *Säulenhalle* und des *Landschaftszimmers* ein ähnliches Verfahren zu vermuten. Nach Marie Sophie Weichbrodt sah man in der *Säulenhalle*

... das Schwarzwaldthal
Mit seinen tannenbewachsenen Höhen,
Seinen Hütten am Bergesfall
und im *Landschaftszimmer*
... noch mehr solche Wandgemälde.

Große Mode waren aber derzeit noch immer die mehrfarbig gedruckten Landschaftstapeten! Besonders tat sich die Manufaktur J. Zuber & Cie in Rixheim/Elsaß hervor. Die Tapete *Les vues de Suisse*, 1804 nach Entwurf von Pierre Antoine Mongin (1761–1827) gedruckt, fand z. B. einen solchen Absatz, daß um 1814 die *Hélvétie* desselben Künstlers erschien und etwa um 1819 noch einmal die *Petite Hélvétie* (Abb. V–VII).

Die *Ansichten der Schweiz* gelangten auch nach Lübeck, und zwar am 23. Mai 1807 zwei Stück an den Kaufherrn Mattheus Rodde, der unter anderem eine Tapetenfabrik betrieb und den Maler Johann Baptist Hauttmann (1756–1832) eigens dafür nach Lübeck geholt hatte. 1807 war Rodde gerade dabei, unter Leitung von Joseph Christian Lillie das Behnhaus Königstraße 11 für seinen Sohn neu auszubauen und einzurichten.

Lillie benutzte für die Ausmalung des Vorzimmers im ersten Flügelgeschoß die *Ansichten der Schweiz* (Abb. VIII) als Vorlage, die Originaltapete paßte dort von ihren Maßen her nicht hinein und hätte außerdem die dort verfolgte künstlerische Absicht verhindert. Lillie wird die Ausschmückung – Malerei auf Papier – durch die Tapetenmaler Roddes ausführen

Abb. 67: Joseph Laurent Malaine (Entwurf), Tapetensupraporte *Sujet d'Oiseaux.* – Sie war die Vorlage für eine der beiden in Malerei ausgeführten Supraporten im Landschaftszimmer von Mengstraße 4 (s. Abb. 63). Die andere folgte sicher dem Gegenstück, bei dem die Fasanen durch Papageien ersetzt waren.
Hartmann & Rieseler, Mühlhausen/Elsaß, Mehrfarbendruck (Holzschnitt), 1794–98.

lassen haben. Dies Verfahren entsprach wohl dem Standard der Roddeschen *Fabrik*, die zwar Papierbögen liefern, sie jedoch noch nicht bedrucken konnte. In jedem Fall war das Ausmalen nach Entwürfen eines renommierten Künstlers *vornehmer* und bot mehr künstlerische Möglichkeiten, selbst wenn man alle denkbaren Einzelteile wie Figuren, Borten, Friese, Fondtapeten, ganze Panneaux mit fertigen Szenen kaufen und eine Zimmerdekoration daraus komponieren konnte.

Für Mengstraße 4 ist daher, trotz des späten Datums, ein ähnliches Verfahren wie beim Behnhaus anzunehmen. Ein Indiz mögen auch die Götterfiguren des Eßsaales liefern: Sie waren mit Schatten, bezogen auf die Lichtquelle am Ort, dargestellt!

Noch einmal zurück zu den Landschaften in Mengstraße 4: Wie, wenn Frau Weichbrodt die *Ansichten der Schweiz* – am 25. März 1817 hatte auch die vorerwähnte Firma Friedrich Matz bei Zuber in Rixheim diese Tapete, was ihre anhaltende Popularität beweist, gekauft – mit Schwarzwaldlandschaften verwechselt hätte? Als Lübeckerin wird sie sich da nicht so genau ausgekannt haben. Gerade aber bei den *Vues de Suisse* gibt es *tannenbewachsene Höhen und Hütten am Bergesfall!* Vielleicht war sogar die auf dem Foto sichtbare Landschaft im *Landschaftszimmer* der *Bergesfall* der Zuber-Tapete!

Wie steht es dann aber mit der Angabe Thomas Manns, der bei den Tapeten von *Idylle im Geschmack des 18. Jahrhunderts, mit fröhlichen Winzern, emsigen Ackersleuten, nett bebänderten Schäferinnen, die reinliche Lämmer am Rande spiegelnden Wassers im Schoße hielten oder sich mit zärtlichen Schäfern küßten,* spricht (*Buddenbrooks*, Teil I, Kapitel 1)? Ja, all dies bot jene Tapete, vielleicht mit Ausnahme der Winzer! Welche Pointe, wenn so die *Schweizerblume,* wie sie bei ihrer Hochzeit apostrophiert wurde, Elisabeth Mann, Tochter des Schweizers Heinrich Marty, ihr häusliches Leben zwischen Schweizerlandschaften verbracht hätte!

Vielleicht gibt es nun auch noch einen Hinweis auf die Farbe der Fondtapeten des *Landschaftszimmers,*

auf die die kleinen Göttergestalten *en grisaille*, d. h. grau in grau gemalt waren, wenn sich folgende Maßnahme auf das Landschaftszimmer bezog: 1896 wurden auf Antrag des Mieters von Mathies in einem Zimmer des ersten Stockes die Tapeten beseitigt, weil sie Arsen und Kupfer enthielten, also mit *Schweinfurter Grün* gemalt waren. Diese Farbe – arsensaures Kupfervitriol-Grün – hatte man 1800 in Wien erfunden, und W. Sattler in Schweinfurt stellte sie 1814 erstmals fabrikmäßig her.
Allerdings hatte der Senat von Lübeck bereits am 8. August 1857 *das Verbot der Anwendung der mittels Arsenik dargestellten grünen Kupferfarben zu Tapeten und Roulleaux* ausgesprochen. Im Mannschen Hause behielt man trotzdem weiterhin die alten Tapeten, während z. B. die Familie Behn in ihrem Haus in der Königstraße sofort reagierte. Ihr *Landschaftszimmer*, das ebenfalls eine mit Schweinfurter Grün bemalte Tapete hatte, erhielt sofort eine neue, wieder grüne, passend zu dem neuen, wandfüllenden Landschaftsgemälde in der Konche.
Dieses Behnsche Haus, genauer: sein Flügel, ist heute nach seiner Wiederherstellung (1986 vollendet) das beste Beispiel in Lübeck für ein Wohnmilieu, geprägt von der Raumkunst Lillies, wie es einst auch in Mengstraße 4 vorhanden war. Das erste Zimmer im ersten Flügelgeschoß (Abb. 79) mit seinen abwechselnd *en grisaille* mit Vasen und Gehängen bzw. mit großformatigen Landschaften nach den *Ansichten der Schweiz* ausgemalten Wandfeldern ist geradezu eine – etwas ältere – Variation des einstigen *Landschaftszimmers* in der Mengstraße. Und weiter hinten sieht man einen zartbemalten Wandspiegel von der Art, wie er sich nach Thomas Manns Beschreibung einst im Saal des *Portals* befunden haben soll, wobei *die flatternden Vögel* gleich um die Ecke im anschließenden Kabinettchen, aber auch unten im erdgeschossigen Gartenzimmer an den Wänden zwitschern!
Will man nun ein Vergleichsbeispiel für das *Götterzimmer* finden, braucht man ebenfalls nicht weit zu gehen. In der Nähe von Lübeck, im Kreis Segeberg, liegt das Herrenhaus Pronstorf. Dort wurde 1806 der Gartensaal neu ausgeschmückt, allem Anschein nach unter Leitung von Joseph Christian Lillie! Wenn man so will, ist jener Saal sogar eine Synthese aus *Landschafts-* und *Götterzimmer,* denn der Raum zeigt sowohl die Antikenfiguren auf hohen Postamenten vor blauem Fond, jonische Pilaster, lunettenförmige Supraporten mit Viertel-*Segeln* in den Zwickeln als auch große Gebirgslandschaften!
Dem um einiges früheren Entstehungsdatum entspricht, daß die Lunetten-Supraporten mit Vasen und Gefäßen *im etruskischen Stil* bemalt sind, wie diejenigen im *Marmornen Gang* des Behnhausflügels. Die prachtvolle Wirkung des Pronstorfer Gartensaales wird allerdings entscheidend von den Deckenstukkaturen mitgeprägt. Leider wissen wir gar nichts über das Aussehen der Decken in den Repräsentationsräumen des Mengstraßenhauses. Mit größerer Wahrscheinlichkeit waren sie aber eher nicht stukkiert, sondern ausgemalt, wie man es im Behnhausflügel wieder sehen kann.

Das zweite Geschoß

Das zweite Stockwerk war teilweise ein Dachgeschoß. Es umfaßte sechs Räume. Von ihnen lagen zwei nach der Straße, zwei nach dem Hof, zwei Räume hatten höchstens Licht von Dachfenstern. Alle Räume waren heizbar. Ein Grundriß (Abb. 68) in Skizzenform ist nur von dem vorderen nach der Mengstraße belegenen Teil des Geschosses vorhanden. Er stammt aus dem Jahr 1931 und zeigt die Wohnung des Hausmeisters Freitag. Diese bestand aus einem ein- und einem zweifenstrigen nach vorne gelegenen Raum sowie einem hinteren mit Dachfenster. Die Vorderzimmer hatten seitliche Nischen. Zu den genannten Zimmern führte ein langer, schmaler Gang, der direkt auf das kleinere Zimmer stieß, sich aber vorher etwas verbreiterte. Auf der anderen Seite des Ganges, gegenüber den Wohnräumen, war Boden. 1931 befand sich hier eine Toilette, eine Küche, Restboden, eine Abseite.
Der Grundriß des hinteren Teils des zweiten Geschosses muß rekonstruiert werden. Dafür gibt es aber Anhaltspunkte. Es ist bekannt, daß dieser Teil in späterer Zeit vermietet wurde. Sieht man in den einschlägigen Akten nach, findet man, daß laut Vertrag der lübeckischen Finanzbehörde mit der Witwe Minna Caroline Anna Müller vom 2. Dezember 1925 die dortige Wohnung aus zwei Zimmern, Küche und Flur bestand. Aus einem Schreiben des Liegenschaftsamtes an den Kranführer Heinrich Hinz (17. März 1938), der damals die Wohnung mieten

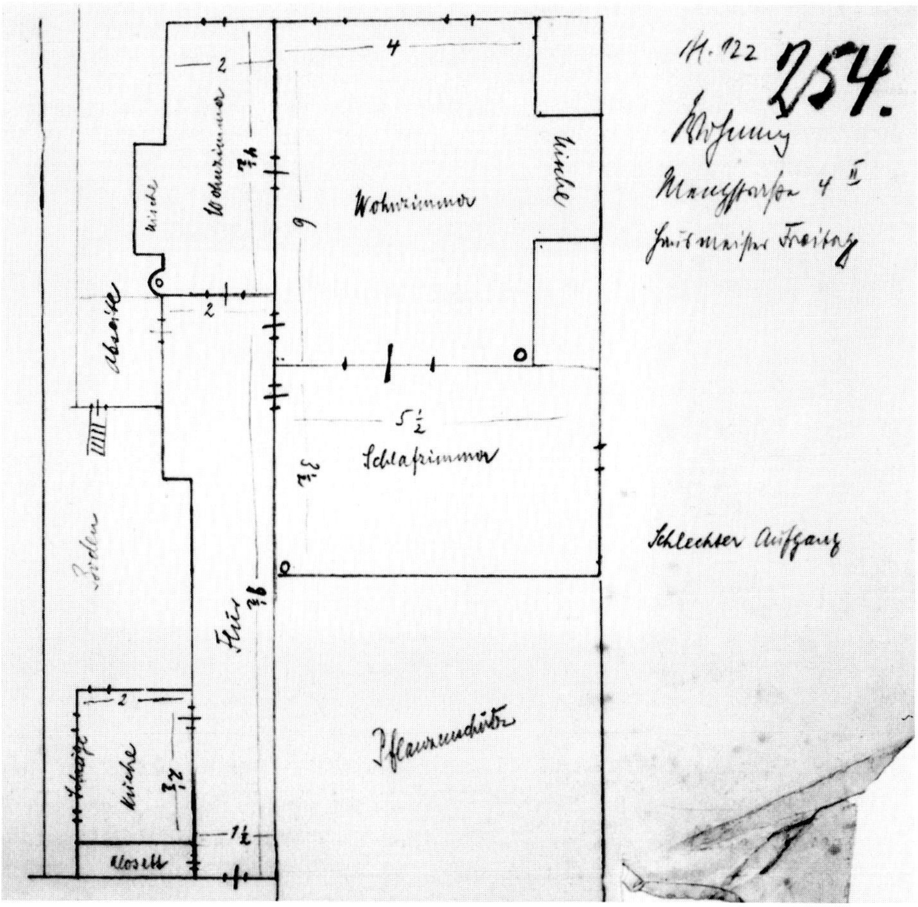

Abb. 68: Mengstraße 4: Grundrißskizze zum straßenseitigen Teil des zweiten Stockes. – Bleistift 1931.

wollte, erfahren wir schließlich, daß eine *Versetzung des Ofens in das große Zimmer* nicht in Frage käme. Die Wohnung hatte also ein großes und ein kleines Zimmer. Zu ihr gehörten außerdem zwei Abseiten auf dem Geschoß, Boden und ein Klosett mit Ausguß. Ein weiteres Detail teilt ein Brief der Landwirtschaftlichen Versuchsstation vom 30. Oktober 1926 mit: Es wird darum gebeten, mit den Bauarbeiten *des bisher unbewohnten Raumes in dem zweiten Stock* zu beginnen. Es muß daher, weil die vordere und die hintere Wohnung vermietet waren, ein solcher Raum zusätzlich vorhanden gewesen sein.

Versucht man, diese Einzelheiten zu einem Bild zusammenzusetzen, ergibt sich: Die beiden Zimmer nach der Hofseite, die ja unterschiedlich groß waren, müssen ein bzw. zwei Fenster gehabt haben, will man dem Flur der Wohnung von den vier hofseitigen Fenstern des Stockwerks eines zuordnen. Die Küche dürfte im Anschluß an die beiden Räume gelegen haben und wäre dann in einem der beiden Zimmer ohne Fenster (was nicht heißt: ohne Dachfenster), die das Volkszählungsregister von 1880 nennt, eingerichtet worden. So geschah es ja auch in dem darunter liegenden Raum. Der Korridor der Wohnung dürfte in der Nähe des Treppenaustritts begonnen haben. Es ergab sich dann eine Abseite, von der aus man zu der Tür zum zweiten Boden des Flügels gelangte. Eine weitere Abseite wäre logisch, wenn der Korridor in gleichmäßiger Breite nach vorn weiterlief. Irgendwo im Bereich der Abseiten müßte schließlich die Treppe zum dritten (Boden) Geschoß emporgeführt haben. Fehlt noch der in dem zitierten Schreiben von 1926 genannte unbewohnte Raum. Er war wohl der Restboden des zweiten Stockwerks und lag zwischen der vorderen und der hinteren Wohnung. Dies legt die Grundrißskizze der vorderen Wohnung nahe, denn der an sie anschließende Bereich ist dort mit *Pflanzenschutz* bezeichnet.

Künstlerische Bedeutung hatten die einst von Johann Siegmund Mann jun. geschaffenen Räume keine.

Trotzdem ist es von Interesse zu sehen, wie man zu verschiedenen Zeiten mit dem Gebäude auch in seinen weniger wichtigen Teilen verfuhr und seine Möglichkeiten nutzte.

Der Flügel, das Gartenportal und das Quergebäude

Der zweistöckige, über dem durch stichbogige, niedrige Fenster gekennzeichneten Kellergeschoß errichtete Flügelbau (Abb. 69) wies von außen keine architektonischen Besonderheiten auf. Mit seinem Mansarddach glich er vielen, noch heute vorhandenen Seitengebäuden des 18. Jahrhunderts. Die leichte Rhythmisierung der Fenster war durch das Innere bedingt. Sicherlich wurde der schlichte Baukörper dadurch etwas belebt.

Nach Auskunft der Akten hatte der Flügel insgesamt sechs Zimmer. Aber nicht alle sind näher beschrieben oder dokumentiert. Die sonst so mitteilsame Frau Weichbrodt sagt zum Erdgeschoß nur, daß *Hinten im traulichen Flügelzimmer* einst das tote Klein-Hänschen (zweiter Sohn von Johann Siegmund und Elisabeth Mann) gelegen habe, und daß *Jetzt in jenem Flügelzimmer* der *Tante des Hauses Familiensitz* sei. Thomas Mann bringt auch nicht mehr. In seinem Roman (*Buddenbrooks*, Teil V, Kapitel 5) wandern die kleinen Volksschulmädchen, die in den Straßen mit den romantischen Namen wie *An der Mauer, Glockengießerstraße, An der Trave, Kleine Gröpelgrube* oder *Engelswisch* – es gibt sie wirklich – zu Hause waren, *über die große Diele in das helle Gar-*

Abb. 69: Mengstraße 4: Blick von oben auf den Flügel und die Dächer des Vordergebäudes und der angrenzenden Häuser. Die Aufnahme zeigt als einzige die Längsseite des Flügels so, daß auch Einzelheiten wie die Anordnung der Fenster zu erkennen sind. – Foto um 1925.

tenzimmer, dort hinten, das als Kontor seit längerer Zeit nicht mehr benutzt wurde.

Unglücklicherweise gibt es auch keinen Grundriß dieses Geschosses. So können wir nur annehmen, daß die Querwände der Zimmer des ersten Stockes über jenen des unteren lagen. Stimmt dies, folgte auf zwei etwa gleich große, dreifenstrige Räume das kleinere *trauliche Flügelzimmer* mit zwei Fenstern und einer Tür an der Stirnseite, die auf eine kleine Terrasse mit Treppe hinunter in den Hof führte.

Hypothese ist auch das, was sich zur ursprünglichen Funktion der Raumfolge vermuten läßt. Im 18. Jahrhundert mag sie, analog den Verhältnissen in so vielen anderen Bürgerhäusern, beispielsweise im vorzüglich erhaltenen *Drägerhaus* (Königstraße 9), der Repräsentation gedient haben. Dann aber, als Johannes Croll das erste Geschoß des Vorderhauses neu ausbaute, könnten ein oder zwei Zimmer als Kontore (Abb. IX) in den erweiterten Geschäftsbetrieb einbezogen worden sein. Auch für eine solche Verfahrensweise gibt es Vergleichsbeispiele. Vielleicht spiegelt der Text Thomas Manns eine Erinnerung dieser Art.

Die Herren schritten rauchend die breite Treppe mit dem weißlackierten, durchbrochenen Holzgeländer hinunter. Auf dem Absatz blieb der Konsul stehen.
„Dies Zwischengeschoß ist noch drei Zimmer tief", erklärte er; „das Frühstückszimmer, das Schlafzimmer meiner Eltern und ein wenig benutzter Raum nach dem Garten hinaus; ein schmaler Gang läuft als Korridor nebenher . . ."

Das ist die Beschreibung des Dichters von den Räumen des ersten Stockes im Flügel (*Buddenbrooks*, Teil I, Kapitel 8). An anderer Stelle ging er noch auf die Einrichtung ein:

Um neun Uhr, eines Sonntagmorgens, saß der Konsul im Frühstückszimmer vor dem großen, braunen Sekretär, der am Fenster stand und dessen gewölbter Deckel . . . zurückgeschoben war . . . Die beiden Fenster standen offen . . . Beide Flügel der Tür zum Schlafzimmer waren geöffnet . . . Die Konsulin und ihr Gatte hatten sich . . . für einige Zeit hier unten eingerichtet, während ihr Vater und Madame Antoinette . . . das dritte Zimmer des Zwischengeschosses zum Schlafen benutzten . . . Ein feines, eiliges Klingeln ließ sich vernehmen. Der Kirchturm droben, auf dem mattfarbigen Gemälde, das über dem Sekretär hing und einen altertümlichen Marktplatz darstellte, besaß eine wirkliche Uhr . . . Der Konsul verschloß die Familienmappe und verwahrte sie sorgfältig in einem hinteren Fache des Sekretärs. Dann ging er ins Schlafzimmer hinüber. Hier waren die Wände mit dunklem, großgeblümtem Tuche ausgeschlagen, dem gleichen Stoffe, aus dem die hohen Gardinen des Wochenbettes bestanden. Eine Stimmung von Erholung und Frieden . . . lag in der Luft, die, vom Ofen noch leise erwärmt, mit einem Mischgeruch von Eau de Cologne und Medikamenten durchsetzt war (*Buddenbrooks*, Teil II, Kapitel 1).

Das beschriebene Stockwerk nannte er, vielleicht einer Gewohnheit der Familie folgend, *Zwischengeschoß*, obwohl diese Bezeichnung in Lübeck traditionell einem anderen Bereich des Bürgerhauses vorbehalten war, nämlich den meistens nachträglich eingebauten Räumen an der Straße *zwischen* Diele und erstem Stock des Vorderhauses. So führte Thomas Mann manchen in die Irre, der mit Hilfe des Romans den Wohnsitz der Buddenbrooks rekonstruieren wollte.

Trotzdem, Thomas Mann hielt sich mit seinen Angaben sehr genau an den tatsächlichen einstigen Zustand. Das beweist der 1990 publizierte, kurz zuvor aufgefundene Grundriß des gesamten ersten Stockes, also des Vorderhauses und des Flügels. Allerdings erwähnt der Dichter den Vorraum nicht, dagegen aber den schmalen, von ihm ausgehenden Korridor, an dessen Ende sich eine später abgeteilte Toilette, wie die sonst unbegründete Schrägung der das Nachbarzimmer verkleinernden Seitenwand nahelegt, befand. Außerdem spricht sogar einiges dafür, daß Thomas Mann nicht nur die Funktionen der beiden vorderen Zimmer als Frühstücks- bzw. Schlafzimmer entsprechend ihrer Verwendung zu Lebzeiten der Großmutter richtig wiedergab, sondern auch die – im Grunde nur punktuell angedeutete – Ausstattung und Möblierung, die doch jeder meint, deutlich und vollständig vor sich zu sehen.

Im *Frühstückszimmer* mag also tatsächlich ein Rollsekretär aus Mahagoni gestanden haben. Solche Möbel, volkstümlich *Seeländer* geheißen, weil sie oft aus Dänemark von der Insel Seeland importiert wurden, waren in Lübeck im ganzen 19. Jahrhundert sehr populär und weit verbreitet. Bis zum Ende der Zunftzeit (1867) war den Lübecker Tischlern sogar ein

Rollbureau als Meisterstück vorgeschrieben. Auch die Bilderuhr mit dem altertümlichen Marktplatz – dieses Genre war eine Wiener Spezialität – dürfte es gegeben haben. Vielleicht war es sogar jene mit der Ansicht des Kobergs in Lübeck, wo die Kirchturmuhr von St. Jacobi tatsächlich tickt, und die 1985 als Vermächtnis einer alten Lübecker Dame in die Sammlungen des *Drägerhauses* kam.

Die Wandbespannung aus dunklem, großgeblümtem Tuch im *Schlafzimmer*, die mit den Gardinen des Bettes korrespondierte, wird ebenso wenig völlig erfunden sein. Ganz sicher darf man indessen nicht sein, daß die Wandbespannung wirklich aus Stoff war. Die Wände der Wohnzimmer in den alten Lübecker Häusern, von den steinernen Außenmauern einmal abgesehen, bestanden nämlich sehr oft aus Fachwerk oder aus Bretterkonstruktionen. Seit dem 18. Jahrhundert versah man die Wände, auch wegen des Schutzes vor Kälte und Feuchtigkeit, gern mit sogenannten Wackeltapeten über einem umlaufenden, hölzernen und farbig gefaßten Sockelpaneel. Die Unterlage bildeten dann auf Rahmen genagelte, aus dem Baltikum importierte Spanmatten, die man mit Leinwänden überzog. Letztere konnten als einheitlich umlaufende Fläche, oder, aufgeteilt in Felder (Panneaux), von einem einheimischen oder fremden Dekorationsmaler ausgeschmückt werden. Fertig bemalte Leinwände für den genannten Zweck, sogar gebrauchte, gab es auch zu kaufen.

Nachdem aber seit dem späten 18. Jahrhundert Papiertapeten immer populärer geworden waren, überklebte man zunehmend die alten, vielleicht schadhaft gewordenen Dekorationen mit dem modernen und modischen Material. In Lübeck betrieben interessierte Kaufleute diesen einträglichen Handel mit Papiertapeten, z.B. die schon erwähnte, 1808 gegründete Firma Friedrich Matz in der Breiten Straße. Selbstredend verfügten jene Handelsleute über weitgespannte Verbindungen, z.B. nach England und besonders nach Frankreich (Paris und Elsaß), wo im frühen 19. Jahrhundert die berühmtesten Bildtapeten entstanden. Stoffbespannungen im eigentlichen Sinn waren dagegen wegen ihres hohen Preises schon im 18. und erst recht im 19. Jahrhundert selten.

Ein wichtiges Detail bestand darin, daß alle Zimmer im Flügel, aber nicht nur sie, sondern alle im gesamten Haus, heizbar waren, damals überhaupt keine Selbstverständlichkeit. Am beliebtesten waren Kachelöfen. Aber auch solche aus Eisen, rund oder in Gestalt von Pyramiden, fanden guten Absatz. Im Haus Mengstraße 4 mögen die unterschiedlichsten Sorten vorhanden gewesen sein. Jedenfalls war das Gebäude auch in jener Hinsicht, im Winter vollständig aufgewärmt werden zu können, ein komfortabler Wohnsitz.

Das Gartenhaus, das *Portal,* lag ein ganz klein wenig schräg im Fond des über 20 Meter tiefen Gartens und bildete so den Hintergrund eines ansehnlichen Prospektes. Links reichte es nicht ganz an die Trennmauer zum Nachbargrundstück, sondern ließ Platz für einen schmalen Weg zum hinteren Hof. Dieser, etwa zehn und einen halben Meter tief und annähernd quadratisch, wurde von dem Quergebäude begrenzt.

Grundfläche und Lage beider Bauten verzeichnet der Lübecker Urkatasterplan, ihr Aussehen überliefert aber, übrigens als einzige Bildquelle, ein aus mehreren Abschnitten zusammengesetztes Panorama (Abb. 70) , das im Sommer 1892 von der Marienkirche aus fotografiert wurde. Leider sind Portal und Speicher darauf nur zum Teil zu sehen, weil belaubte Bäume vor dem Gartenhaus im Wege stehen, dieses aber wieder den Speicher fast ganz, bis aufs Dach, verdeckt. Eine wichtige Information steuert noch der Foliant der Lübecker Brandassekuranz bei. Beide Gebäude sind dort als zweistöckig beschrieben. So sehen also die wichtigsten Materialien für eine Rekonstruktion aus! Hinzu treten noch die Texte Thomas Manns, und das, was *Tony* in ihren *Erinnerungen* erzählt. Aus all jenen Unterlagen entsteht folgendes Bild:

Das Gartenhaus war zweistöckig. In der Mitte hatte es einen verhältnismäßig breiten Dreiecksgiebel mit einem querliegenden Ovalfenster. Er krönte wohl einen fast unmerklich vorspringenden Risalit. Das Dach war ein schön geschwungenes Mansarddach. In der Mitte des Erdgeschosses befand sich der Eingang. Zu ihm führten zwei breite Stufen hinauf. Zu beiden Seiten der Tür wird es je ein Fenster gegeben haben, in den beiden Rücklagen ebenfalls. Entsprechend gab es im Obergeschoß fünf Fenster, drei in der Mitte, je eines in den Rücklagen. Über das Innere berichtet nur Thomas Mann:

Drinnen in dem weißgetünchten Raum des Gartenhauses mit dem hohen Wandspiegel, dessen Fläche mit flatternden Vögeln bemalt war, und den beiden

Abb. 70: Mengstraße 4: Blick vom Dach der Marienkirche auf das Gartenportal und den Speicher. Das Bild des Gartenportals und des Speichers auf dem Grundstück Mengstraße 4 bewahrt allein dieses Panorama. Bald darauf wurden beide Gebäude abgerissen.
H. Sartori, Fotopanorama (Ausschnitt, vergrößert), 1892.

lackierten Flügeltüren im Hintergrunde, die genau betrachtet gar keine Türen waren und nur gemalte Klinken besaßen, war die Luft zu warm und dumpfig, und man hatte die aus knorrigem, gebeiztem Holz leichtgearbeiteten Möbel hinausgestellt (*Buddenbrooks*, Teil III, Kapitel 1).

Trotz seiner Kürze enthält dieser Text so ungewöhnliche Einzelheiten, daß sie der Dichter nicht erfunden haben kann. Man versteht, es geht vor allem um den Spiegel, mit seinen aufgemalten flatternden Vögeln. Wie schon früher erwähnt, war die Verwendung von solchen *hohen*, aus mehreren Stücken zusammengesetzten, großflächigen Spiegeln, deren Fugen an den Stoßstellen der einzelnen Scheiben mit zarten Ranken *en arabesque*, Blütenschalen (Behnhaus!), Girlanden und eben flatternden Vögeln in Malerei überspielt wurden, eine Eigenart, wenn nicht Spezialität des Architekten und Dekorateurs Joseph Christian Lillie. Noch in seiner dänischen Zeit, 1797, hatte er einen solchen Spiegel für den Gartensaal des Herrenhauses Brede (Abb. 71) entworfen und ausführen lassen. Auch die beiden Scheintüren mit den fingierten Klinken passen gut ins Lillie'sche Repertoire, war dem Künstler doch Symmetrie ein wichtiges Prinzip. Und da der Gartensaal nicht sehr breit war – in der Länge dürfte er Begrenzung durch ein seitliches, in den ersten Stock führendes Treppenhaus gefunden haben – gab es dort sicherlich Veranlassung, mit Scheintüren zu arbeiten, einmal, um symmetrische Verhältnisse zu erreichen, und dann, um einen großartigeren Eindruck zu erzielen, denn hinter den Scheintüren erwartete sich der Fremde natürlich weitere Räume.
Lillies Handschrift verriet wohl auch der dreifenstrige Billardsaal im Quergebäude, um dies anzuschlie-

Abb. 71: Herrenhaus Brede, Insel Seeland, Dänemark: Der Gartensaal, Entwurf Joseph Christian Lillie (1760–1827), 1797. Der Gartensaal zeigt einige Details, die in sehr ähnlicher Form auch in Mengstraße 4 vorhanden waren, wie das Gitter vor der halbrunden Nische – ein solches gab es im Landschaftszimmer – und den aus mehreren Scheiben zusammengesetzten und bemalten Spiegel über der Konsole links. Ein Exemplar dieser Art schmückte den Saal im Gartenportal.

ßen. Zwar wird er nur als weiter, kahl und streng aussehender Raum beschrieben, dessen Vorhandensein an dieser Stelle *Tony* bestätigt, dann heißt es aber, hier habe *ähnlich wie im Landschaftszimmer hinter einem Messinggitter der Ofen* gebrannt. Nun, das Aussehen solcher Gitter haben wir bei der Behandlung eben jenes *Landschaftszimmers* kennengelernt. Hinzuzufügen ist noch, daß Lillie schon im oben erwähnten Herrenhaus Brede ein solches Ofengitter vor rundbogiger Nische nach seinem Entwurf hatte anbringen lassen, und daß er bei seinem Treppengeländerentwurf für das Herrenhaus Gudow auf eine ähnliche, dem Zweck angepaßte Version zurückgriff. Von außen war das Gartenhaus zwar ein schlichter, mit seinem wohlproportionierten Dreiecksgiebel und seinem schön geschwungenen Mansarddach aber ein reizvoller Bau. Im Typus lehnte er sich an das gängige Palaisschema des 18. Jahrhunderts an, das auch bei Straßenhäusern in Lübeck (Königstraße 42!) und bei den Hauptgebäuden der Bürgergärten vor den Toren Verwendung fand.

In vergleichbarer Situation und in ähnlicher, jedoch

einstöckiger und architektonisch unbedeutenderer Form gibt es heute auf dem Areal der Altstadt noch ein Beispiel, das Hintergebäude des Hauses Königstraße 81 (Abb. 72), in dessen rundbogigen Eingang die Jahreszahl 1768 eingemeißelt ist. Ursprünglich soll es ein Pferdestall gewesen sein; später wurde aber ein Gartenzimmer eingebaut.
Nun zum Quer- oder Speichergebäude:

Die Herren aber schlugen vom Hofe aus den Weg zur Linken ein, der zwischen zwei Mauern über einen zweiten Hof zum Rückgebäude führte.
Dort führten schlüpfrige Stufen in ein kelleriges Gewölbe mit Lehmboden hinab, das als Speicher benutzt wurde, und von dessen höchstem Boden ein Tau zum Hinaufwinden der Kornsäcke herabhing. Aber man stieg zur Rechten die reinlich gehaltene Treppe ins erste Stockwerk hinauf, woselbst der Konsul seinen Gästen die weiße Tür zum Billardsaal öffnete (*Buddenbrooks*, Teil I, Kapitel 8).

Die Zeilen Thomas Manns beziehen sich hauptsächlich auf die Funktion des Gebäudes und auf seine innere Beschaffenheit. Die anderen Quellen können zur Ergänzung beitragen. Nach ihnen war der Speicher tiefer als das Gartenhaus. Der Eingang lag aus der Achse versetzt (Katasterplan!) und war über eine mehrstufige Treppe zu erreichen. Das Äußere des Erdgeschosses bleibt im Ungewissen. Am wahrscheinlichsten sind links zwei Fenster, rechts eines,

Abb. 72: Königstraße 81: Das Gartenportal, errichtet oder umgestaltet wohl 1768. – Das Anwesen gehört zu den schönsten und am besten erhaltenen aus der zweiten Hälfte des 18. Jahrhunderts. Das Haupthaus erbaute 1773 der Weinhändler Johann Christian Blohm. Das Portal, das den Abschluß des Gartens bildet, ist in schlichteren Formen gehalten als sein einstiges Gegenstück auf dem Grundstück Mengstraße 4. – Foto 1982.

dazwischen der Eingang. Im ersten Stock wird sich diese Aufteilung wiederholt haben, nur, daß an Stelle der Tür ein Fenster trat. Nach dieser Annahme befand sich in beiden Stockwerken in der Mittelachse ein Mauerstück. Dies war sinnvoll, weil darüber im Dach als Zwerchgiebel die mit einem Dreieck bekrönte Ladeluke saß, wo auch ein Kran angebracht war. Von hier aus konnten die Ballen und Waren abgeseilt werden, ohne Gefahr für die Fenster des Billardzimmers und ohne den Zutritt zum Gebäude bei Ladeaktionen zu behindern.

Das Dach war vorn und hinten in Mansardenform konstruiert, an den Seiten dagegen reichten die Wände ein Stockwerk höher. So bildete der obere Teil, für sich gesehen, ein Walmdach. Im unteren Dachteil saß zu beiden Seiten des Zwerchgiebels in einigem Abstand je eine stichbogige Gaupe mit einflügeligen Fenstern.

Wie das Gartenhaus, war auch das Quer- und Speichergebäude in der um 1750/60 üblichen Bauweise errichtet. Es ist deshalb nicht notwendig, nach besonderen Vorbildern oder Vergleichsbeispielen zu suchen. Noch heute gibt es hier und dort in der Altstadt ähnliche Gebäude. Seinen besonderen Charme verdankte aber der Speicher auf dem Mengstraßengrundstück seiner relativen Kleinheit oder gar Zierlichkeit, der guten Proportionierung des Baukörpers, den das schöne Dach wirklich krönte, indem es im oberen Teil wie eine Pyramide aufstieg und die Nachbargebäude überragte.

Thomas Mann und Mengstraße 4

Texte von Thomas Mann

Buddenbrooks, Teil III, 13 (S. 158/159)
Die Straße, die Diele
Die Equipage bog in die Mengstraße ein, und die dicken Braunen standen schnaubend und stampfend vorm Buddenbrook'schen Hause. Tom war seiner Schwester aufmerksam beim Aussteigen behilflich, während Anton und Line herbeieilten, um den Koffer herunterzuschnallen. Aber man mußte warten, bevor man ins Haus gelangte. Drei mächtige Transportwagen schoben sich soeben dicht hintereinander durch die Haustür, hochbepackt mit vollen Kornsäcken, auf denen in breiten schwarzen Buchstaben die Firma „Johann Buddenbrook" zu lesen war. Mit schwerfällig widerhallendem Gepolter schwankten sie über die große Diele und die flachen Stufen zum Hofe hinunter. Ein Teil des Kornes sollte wohl im Hinterhause verladen werden und der Rest in den „Walfisch", den „Löwen" oder die „Eiche" wandern ...
Der Konsul kam, die Feder hinterm Ohre, aus dem Kontor heraus, als die Geschwister die Diele betraten, und streckte seiner Tochter die Arme entgegen. „Willkommen zu Hause, meine liebe Tony!"
Sie küßte ihn und sah ihn mit Augen an, die noch verweint waren und in denen etwas wie Scham zu lesen war. Aber er war nicht böse, er erwähnte kein Wort. Er sagte nur:

Buddenbrooks (Erstausgabe 1901)	(GW I)
Der kleine Herr Friedemann (Erstveröffentlichung 1897)	(GW VIII)
Der Bajazzo (Erstveröffentlichung 1897)	(GW VIII)
Tonio Krüger (Erstveröffentlichung 1903)	(GW VIII)
Tristan (Erstveröffentlichung 1903)	(GW VIII)
Doktor Faustus (Erstausgabe 1947)	(GW VI)

Benutzt wurden die Gesammelten Werke von Thomas Mann in der zwölfbändigen Ausgabe von S. Fischer, 1960. Die Seitenangaben beziehen sich auf den jeweiligen Band, in dem die Romane bzw. die Novellen abgedruckt sind.

„Es ist spät, aber wir haben mit dem zweiten Frühstück gewartet."
Die Konsulin, Christian, Klothilde, Clara und Ida Jungmann standen zur Begrüßung droben auf dem Treppenabsatz versammelt ...

Buddenbrooks, Teil I, 9 (S. 44)
Das Äußere
Konsul Buddenbrook stand, die Hände in den Taschen seines hellen Beinkleides vergraben, in seinem Tuchrock ein wenig fröstelnd, ein paar Schritte vor der Haustür und lauschte den Schritten, die in den menschenleeren, nassen und matt beleuchteten Straßen verhallten. Dann wandte er sich und blickte an der grauen Giebelfassade des Hauses empor. Seine Augen verweilten auf dem Spruch, der überm Eingang in altertümlichen Lettern gemeißelt stand: „Dominus providebit". Während er den Kopf ein wenig senkte, trat er ein und verschloß sorgfältig die schwerfällig knarrende Haustür. Dann ließ er die Windfangtüre ins Schloß schnappen und schritt langsam über die hallende Diele.

Buddenbrooks, Teil VI, 3 (S. 316)
Das Grundstück, Diele, Küche, Kontor
Konsul Buddenbrook kehrte aus der „Harmonie", dem Lesezirkel für Herren, in dem er nach dem zweiten Frühstück eine Stunde verbracht hatte, in die Mengstraße zurück. Er durchschritt das Grundstück von hinten, kam rasch zur Seite des Gartens über den gepflasterten Gang, der, zwischen bewachsenen Mauern hinlaufend, den hinteren Hof mit dem vorderen verband, ging über die Diele und rief in die Küche hinein, ob sein Bruder zu Hause sei; man solle ihn benachrichtigen, wenn er käme. Dann schritt er durch das Kontor, wo die Leute an den Pulten bei seinem Erscheinen sich tiefer über die Rechnungen beugten, in sein Privatbureau, legte Hut und Stock beiseite, zog den Arbeitsrock an und begab sich an seinen Fensterplatz, Herrn Marcus gegenüber ...
Nach Verlauf einer halben Stunde, während der man nichts als das Kratzen der Federn und das bedächtige Räuspern des Herrn Marcus vernommen hatte,

blickte der Konsul über den grünen Fenstervorhang hinweg und sah Christian die Straße daherkommen. Er rauchte.

Buddenbrooks, Teil I, 8 (S. 38, 39, 40)
Gang durchs Haus über den Garten zum Quergebäude [Speicher]
Die sechs Herren hörten noch, als sie durch die Säulenhalle schritten, im Landschaftszimmer die ersten Flötentöne aufklingen, von der Konsulin auf dem Harmonium begleitet, eine kleine, helle, graziöse Melodie, die sinnig durch die weiten Räume schwebte... „Ich bin überzeugt, daß Madame Köppen durch die Glasscheiben gesehen hat", bemerkte Konsul Kröger. Senator Langhals fragte: „Da oben wohnst du also, Buddenbrook?"
Rechts führte die Treppe in den zweiten Stock hinauf, wo die Schlafzimmer des Konsuls und seiner Familie lagen; aber auch an der linken Seite des Vorplatzes befand sich noch eine Reihe von Räumen. Die Herren schritten rauchend die breite Treppe mit dem weißlackierten, durchbrochenen Holzgeländer hinunter. Auf dem Absatz blieb der Konsul stehen.
„Dies Zwischengeschoß ist noch drei Zimmer tief", erklärte er; „das Frühstückszimmer, das Schlafzimmer meiner Eltern und ein wenig benutzter Raum nach dem Garten hinaus; ein schmaler Gang läuft als Korridor nebenher ... Aber vorwärts! – Ja, sehen Sie, die Diele wird von den Transportwagen passiert, sie fahren dann durch das ganze Grundstück bis zur Beckergrube."
Die weite, hallende Diele, drunten, war mit großen, viereckigen Steinfliesen gepflastert. Bei der Windfangtüre sowohl wie am anderen Ende lagen Kontorräumlichkeiten, während die Küche, aus der noch immer der säuerliche Geruch der Schalottensauce hervordrang, mit dem Weg zu den Kellern links von der Treppe lag. Ihr gegenüber, in beträchtlicher Höhe, sprangen seltsame, plumpe, aber reinlich lackierte Holzgelasse aus der Wand hervor: die Mädchenkammern, die nur durch eine Art freiliegender, gerader Stiege von der Diele aus zu erreichen waren. Ein Paar ungeheurer alter Schränke und eine geschnitzte Truhe standen daneben.
Durch eine hohe Glastür trat man über einige ganz flache, befahrbare Stufen auf den Hof hinaus, an dem linkerseits sich das kleine Waschhaus befand. Man blickte von hier aus in den hübsch angelegten, jetzt aber herbstlich grauen und feuchten Garten hinein, dessen Beete mit Strohmatten gegen den Frost geschützt waren und der dort hinten vom „Portal" abgeschlossen ward, der Rokokofassade des Gartenhauses. Die Herren aber schlugen vom Hofe aus den Weg zur Linken ein, der zwischen zwei Mauern über einen zweiten Hof zum Rückgebäude führte.
Dort führten schlüpfrige Stufen in ein kelleriges Gewölbe mit Lehmboden hinab, das als Speicher benutzt wurde, und von dessen höchstem Boden ein Tau zum Hinaufwinden der Kornsäcke herabhing. Aber man stieg zur Rechten die reinlich gehaltene Treppe ins erste Stockwerk hinauf, woselbst der Konsul seinen Gästen die weiße Tür zum Billardsaale öffnete.
Herr Köppen warf sich erschöpft auf einen der steifen Stühle, die an den Wänden des weiten, kahl und streng aussehenden Raumes standen.
„Ich sehe fürs erste zu!" rief er und klopfte die feinen Regentropfen von seinem Leibrock. „Hole mich der Teufel, was ist das für eine Reise durch Euer Haus, Buddenbrook!"
Ähnlich wie im Landschaftszimmer brannte hier hinter einem Messinggitter der Ofen. Durch die drei hohen und schmalen Fenster blickte man über feuchtrote Dächer, graue Höfe und Giebel...

Buddenbrooks, Teil I, 1 (S. 12, 13).
Vorderhaus, erster Stock: Das „Landschaftszimmer"
Man saß im „Landschaftszimmer", im ersten Stockwerk des weitläufigen alten Hauses in der Mengstraße, das die Firma „Johann Buddenbrook" vor einiger Zeit käuflich erworben hatte und das die Familie noch nicht lange bewohnte. Die starken und elastischen Tapeten, die von den Mauern durch einen leeren Raum getrennt waren, zeigten umfangreiche Landschaften, zartfarbig wie der dünne Teppich, der den Fußboden bedeckte, Idylle im Geschmack des achtzehnten Jahrhunderts, mit fröhlichen Winzern, emsigen Ackersleuten, nett bebänderten Schäferinnen, die reinliche Lämmer am Rande spiegelnden Wassers im Schoße hielten oder sich mit zärtlichen Schäfern küßten ... Ein gelblicher Sonnenuntergang herrschte meistens auf diesen Bildern, mit dem der gelbe Überzug der weißlackierten Möbel und die gelbseidenen Gardinen vor den beiden Fenstern übereinstimmten.

Im Verhältnis zu der Größe des Zimmers waren die Möbel nicht zahlreich. Der runde Tisch mit den dünnen, geraden und leicht mit Gold ornamentierten Beinen stand nicht vor dem Sofa, sondern an der entgegengesetzten Wand, dem kleinen Harmonium gegenüber, auf dessen Deckel ein Flötenbehälter lag. Außer den regelmäßig an den Wänden verteilten, steifen Armstühlen gab es nur noch einen kleinen Nähtisch am Fenster und, dem Sofa gegenüber, einen zerbrechlichen Luxus-Sekretär, bedeckt mit Nippes.
Durch eine Glastür, den Fenstern gegenüber, blickte man in das Halbdunkel einer Säulenhalle hinaus, während sich linker Hand vom Eintretenden die hohe, weiße Flügeltür zum Speisesaale befand. An der anderen Wand aber knisterte, in einer halbkreisförmigen Nische und hinter einer kunstvoll durchbrochenen Tür aus blankem Schmiedeeisen, der Ofen. Denn es war frühzeitig kalt geworden. Draußen, jenseits der Straße, war schon jetzt, um die Mitte des Oktober, das Laub der kleinen Linden vergilbt, die den Marienkirchhof umstanden, um die mächtigen gotischen Ecken und Winkel der Kirche pfiff der Wind, und ein feiner, kalter Regen ging hernieder. Madame Buddenbrook, der Älteren, zuliebe hatte man die doppelten Fenster schon eingesetzt.

Buddenbrooks, Teil I, 3 (S. 22)
Vorderhaus, erster Stock: Das „Götterzimmer"
Der Konsul barg das Papier in der Brusttasche, bot seiner Mutter den Arm, und nebeneinander überschritten sie die Schwelle zum hellerleuchteten Speisesaal, wo die Gesellschaft mit der Placierung um die lange Tafel soeben fertig geworden war.
Aus dem himmelblauen Hintergrund der Tapeten traten zwischen schlanken Säulen weiße Götterbilder fast plastisch hervor. Die schweren roten Fenstervorhänge waren geschlossen, und in jedem Winkel des Zimmers brannten auf einem hohen, vergoldeten Kandelaber acht Kerzen, abgesehen von denen, die in silbernen Armleuchtern auf der Tafel standen. Über dem massigen Büffet, dem Landschaftszimmer gegenüber, hing ein umfangreiches Gemälde, ein italienischer Golf, dessen blaudunstiger Ton in dieser Beleuchtung außerordentlich wirksam war. Mächtige, steiflehnige Sofas in rotem Damast standen an den Wänden.

Buddenbrooks, Teil VI, 5 (S. 336/337)
Vorderhaus, zweiter Stock
Die grünen Stores in Frau Grünlichs Schlafzimmer im zweiten Stockwerk wurden sacht von dem lauen Atem einer klaren Juninacht bewegt, denn die beiden Fenster standen offen. Auf dem Nachttischchen zur Seite des Himmelbettes brannten in einem Glase auf einer Ölschicht, die ihrerseits auf dem Wasser schwamm, mit dem das Glas zur Hälfte gefüllt war, mehrere kleine Dochte und gaben dem großen Zimmer mit seinen gradlinigen Armstühlen, deren Polster zum Schutze mit grauer Leinwand bezogen waren, ein stilles, ebenmäßiges und schwaches Licht ...
Neben dem Bett an der Wand, zwischen zwei alten Kupferstichen, Ansichten der Stadt aus dem Mittelalter, war eingerahmt der Spruch zu lesen: „Befiehl dem Herrn deine Wege ...", aber ist das ein Trost, wenn man um Mitternacht mit offenen Augen liegt und sich entschließen, sich entscheiden, ganz allein und ohne Rat mit Ja oder Nein über sein Leben, und nicht nur darüber entscheiden soll?
Es war sehr still. Nur die Wanduhr tickte, und dann und wann erklang im Nebenzimmer, das von Tony's Schlafzimmer nur durch Portieren getrennt war, das Räuspern Mamsell Jungmanns. Dort war noch helles Licht. Die treue Preußin saß noch aufrecht am Ausziehtische unter der Hängelampe und stopfte Strümpfe ...

Buddenbrooks, Teil V, 5 (S. 279)
Der Flügel, Erdgeschoß
Die Konsulin selbst aber verlangte weit mehr noch von sich als von ihren Kindern. Sie richtete zum Beispiel eine Sonntagsschule ein. Am Sonntagvormittag klingelten lauter kleine Volksschulmädchen in der Mengstraße, und Stine Voß, die An der Mauer, und Mike Stuht, die in der Glockengießerstraße, und Fike Snut, die An der Trave oder in der Kleinen Gröpelgrube oder im Engelswisch zu Hause war, wanderten mit ihrem semmelblonden, mit Wasser gekämmten Haar über die große Diele in das helle Gartenzimmer, dort hinten, das als Kontor seit längerer Zeit nicht mehr benutzt wurde, wo Sitzbänke aufgeschlagen waren und wo die Konsulin Buddenbrook, geborene Kröger, mit ihrem Kleid aus schwerem schwarzen Atlas, ihrem weißen, vornehmen Gesicht und ihrer noch weißeren Spitzenhaube, ihnen an einem

Tischchen, auf welchem ein Glas Zuckerwasser stand, gegenübersaß und sie eine Stunde lang katechisierte.

Buddenbrooks, Teil II, 1 (S. 52/53, 59)
Der Flügel, erster Stock: Frühstückszimmer, Schlafzimmer
Um neun Uhr, eines Sonntagmorgens, saß der Konsul im Frühstückszimmer vor dem großen, braunen Sekretär, der am Fenster stand und dessen gewölbter Deckel vermittelst eines witzigen Mechanismus zurückgeschoben war. Eine dicke Ledermappe, gefüllt mit Papieren, lag vor ihm; aber er hatte ein Heft mit gepreßtem Umschlage und Goldschnitt herausgenommen und schrieb, eifrig darüber gebeugt, in seiner dünnen, winzig dahineilenden Schrift, – emsig und ohne Aufenthalt, es sei denn, daß er die Gänsefeder in das schwere Metalltintenfaß tauchte . . .
Die beiden Fenster standen offen, und vom Garten her, wo eine milde Sonne die ersten Knospen beschien und wo ein paar kleine Vogelstimmen einander kecke Antworten gaben, wehte voll frischer und zarter Würze die Frühlingsluft herein und trieb dann und wann sacht und geräuschlos die Gardinen ein wenig empor. Drüben, auf dem Frühstückstische, ruhte die Sonne blendend auf dem weißen, hie und da von Brosamen gesprenkelten Leinen und spielte in kleinen, blitzenden Drehungen und Sprüngen auf der Vergoldung der mörserförmigen Tassen . . .
Beide Flügel der Tür zum Schlafzimmer waren geöffnet, und von dorther vernahm man die Stimme Johann Buddenbrooks, der ganz leise nach einer alten drolligen Melodie vor sich hin summte:

Ein guter Mann, ein braver Mann,
Ein Mann von Complaisancen;
Er kocht die Supp' und wiegt das Kind
Und riecht nach Pommeranzen.

Er saß zur Seite der kleinen Wiege mit grünseidenen Vorhängen, die bei dem hohen Himmelbett der Konsulin stand und die er mit einer Hand in gleichmäßiger Schwingung erhielt. Die Konsulin und ihr Gatte hatten sich, der leichteren Bedienung halber, für einige Zeit hier unten eingerichtet, während ihr Vater und Madame Antoinette . . . das dritte Zimmer des Zwischengeschosses zum Schlafen benutzten . . .
Ein feines, eiliges Klingeln ließ sich vernehmen. Der Kirchturm droben, auf dem mattfarbigen Gemälde, das über dem Sekretär hing und einen altertümlichen Marktplatz darstellte, besaß eine wirkliche Uhr, die nun auf ihre Weise zehn schlug. Der Konsul verschloß die Familienmappe und verwahrte sie sorgfältig in einem hinteren Fache des Sekretärs. Dann ging er ins Schlafzimmer hinüber.
Hier waren die Wände mit dunklem, großgeblümtem Tuche ausgeschlagen, dem gleichen Stoffe, aus dem die hohen Gardinen des Wochenbettes bestanden. Eine Stimmung von Erholung und Frieden nach überstandenen Ängsten und Schmerzen lag in der Luft, die, vom Ofen noch leise erwärmt, mit einem Mischgeruch von Eau de Cologne und Medikamenten durchsetzt war. Die geschlossenen Vorhänge ließen das Licht nur dämmernd herein.

Buddenbrooks, Teil III, 1 (S. 93/94)
Das Portal (Gartenhaus), der Garten
Kurz nach fünf Uhr, eines Juni-Nachmittages, saß man vor dem „Portale" im Garten, woselbst man Kaffee getrunken hatte. Drinnen in dem weißgetünchten Raum des Gartenhauses mit dem hohen Wandspiegel, dessen Fläche mit flatternden Vögeln bemalt war, und den beiden lackierten Flügeltüren im Hintergrunde, die genau betrachtet gar keine Türen waren und nur gemalte Klinken besaßen, war die Luft zu warm und dumpfig, und man hatte die aus knorrigem, gebeiztem Holze leichtgearbeiteten Möbel hinausgestellt.
Im Halbkreise saßen der Konsul, seine Gattin, Tony, Tom und Klothilde um den runden gedeckten Tisch, auf dem das benutzte Service schimmerte, während Christian, ein wenig seitwärts, mit einem unglücklichen Gesichtsausdruck Cicero's zweite Catilinarische Rede präparierte. Der Konsul war mit seiner Zigarre und den „Anzeigen" beschäftigt. Die Konsulin hatte ihre Seidenstickerei sinken lassen und sah lächelnd der kleinen Clara zu, die mit Ida Jungmann auf dem Rasenplatze Veilchen suchte, denn es gab zuweilen Veilchen dort . . .
Das Stadtgärtchen lag mit symmetrisch angelegten Wegen und Beeten bunt und reinlich in der Nachmittagssonne. Der Duft der Reseden, die die Beete umsäumten, kam dann und wann durch die Luft daher.

Der kleine Friedemann (S. 78)
Das graue Giebelhaus, in dem Johannes Friedemann aufwuchs, lag am nördlichen Tore der alten, kaum mittelgroßen Handelsstadt. Durch die Haustür betrat man eine geräumige, mit Steinfliesen versehene Diele, von der eine Treppe mit weißgemaltem Holzgeländer in die Etagen hinaufführte. Die Tapeten des Wohnzimmers im ersten Stock zeigten verblichene Landschaften, und um den schweren Mahagonitisch mit der dunkelroten Plüschdecke standen steiflehnige Möbel.
Hier saß er oft in seiner Kindheit am Fenster, vor dem stets schöne Blumen prangten, auf einem kleinen Schemel zu den Füßen seiner Mutter und lauschte etwa, während er ihren glatten, grauen Scheitel und ihr gutes, sanftmütiges Gesicht betrachtete und den leisen Duft atmete, der immer von ihr ausging, auf eine wundervolle Geschichte. Oder er ließ sich vielleicht das Bild des Vaters zeigen, eines freundlichen Herrn mit grauem Backenbart. Er befand sich im Himmel, sagte die Mutter, und erwartete dort sie alle.
Hinter dem Hause war ein kleiner Garten, in dem man während des Sommers einen guten Teil des Tages zuzubringen pflegte, trotz des süßlichen Dunstes, der von einer nahen Zuckerbrennerei fast immer herüberwehte. Ein alter, knorriger Walnußbaum stand dort, und in seinem Schatten saß der kleine Johannes oft auf einem niedrigen Holzsessel und knackte Nüsse, während Frau Friedemann und die drei nun schon erwachsenen Schwestern in einem Zelt aus grauem Segeltuch beisammen waren.

Der Bajazzo (S. 107)
Sie liegt so weit dahinten, die kleine, alte Stadt mit ihren schmalen, winkeligen und giebeligen Straßen, ihren gotischen Kirchen und Brunnen, ihren betriebsamen, soliden und einfachen Menschen und dem großen, altersgrauen Patrizierhause, in dem ich aufgewachsen bin.
Das lag inmitten der Stadt und hatte vier Generationen von vermögenden und angesehenen Kaufleuten überdauert. „Ora et labora" stand über der Haustür, und wenn man von der weiten, steinernen Diele, um die sich oben eine Galerie aus weißlackiertem Holze zog, die breite Treppe hinangestiegen war, so mußte man noch einen weitläufigen Vorplatz und eine kleine, dunkle Säulenhalle durchschreiten, um durch eine der hohen, weißen Türen in das Wohnzimmer zu gelangen, wo meine Mutter am Flügel saß und spielte.
Sie saß im Dämmerlicht, denn vor den Fenstern befanden sich schwere, dunkelrote Vorhänge; und die weißen Götterfiguren der Tapete schienen plastisch aus ihrem blauen Hintergrund hervorzutreten und zu lauschen auf diese schweren, tiefen Anfangstöne eines Chopin'schen Notturnos, das sie vor allem liebte und stets sehr langsam spielte, wie um die Melancholie eines jeden Akkordes auszugenießen. Der Flügel war alt und hatte an Klangfülle eingebüßt, aber mit dem Pianopedal, welches die hohen Töne so verschleierte, daß sie an mattes Silber erinnerten, konnte man die seltsamsten Wirkungen erzielen.
Ich saß auf dem massigen, steiflehnigen Damastsofa und lauschte und betrachtete meine Mutter.

Tonio Kröger (S. 281, 311–314)
Und Tonio ging durch das alte, untersetzte Tor, ging am Hafen entlang und die steile, zugige und nasse Giebelgasse hinauf zum Haus seiner Eltern. Damals lebte sein Herz; Sehnsucht war darin und schwermütiger Neid und ein klein wenig Verachtung und eine ganz keusche Seligkeit . . .
Dann betrachtete er eine Weile seine Hand, die kalt und rostig geworden war, und ging weiter, ging durch das alte, untersetzte Tor, am Hafen entlang und die steile zugige Gasse hinauf zum Haus seiner Eltern.
Es stand, eingeschlossen von den Nachbarhäusern, die sein Giebel überragte, grau und ernst wie seit dreihundert Jahren, und Tonio Kröger las den frommen Spruch, der in halb verwischten Lettern über dem Eingang stand. Dann atmete er auf und ging hinein.
Sein Herz schlug ängstlich, denn er gewärtigte, sein Vater könnte aus einer der Türen zu ebener Erde, an denen er vorüberschritt, hervortreten, im Kontor-Rock und die Feder hinterm Ohr, ihn anhalten und ihn wegen seines extravaganten Lebens streng zur Rede stellen, was er sehr in der Ordnung gefunden hätte. Aber er gelangte unbehelligt vorbei. Die Windfangtür war nicht geschlossen, sondern nur angelehnt, was er als tadelnswert empfand, während ihm gleichzeitig zumute war wie in gewissen leichten Träumen, in denen die Hindernisse von selbst vor einem weichen und man, von wunderbarem Glück begünstigt, ungehindert vorwärts dringt . . . Die

weite Diele, mit großen, viereckigen Steinfliesen gepflastert, widerhallte von seinen Schritten. Der Küche gegenüber, in der es still war, sprangen wie vor alters in beträchtlicher Höhe die seltsamen, plumpen, aber reinlich lackierten Holzgelasse aus der Wand hervor, die Mägdekammern, die nur durch eine Art freiliegender Stiege von der Diele aus zu erreichen waren. Aber die großen Schränke und die geschnitzte Truhe waren nicht mehr da, die hier gestanden hatten ... Der Sohn des Hauses beschritt die gewaltige Treppe und stützte sich mit der Hand auf das weißlackierte, durchbrochene Holzgeländer, indem er sie bei jedem Schritte erhob und beim nächsten sacht wieder darauf niedersinken ließ, wie als versuche er schüchtern, ob die ehemalige Vertrautheit mit diesem alten, soliden Geländer wieder herzustellen sei ... Aber auf dem Treppenabsatz blieb er stehen, vorm Eingang zum Zwischengeschoß. An der Tür war ein weißes Schild befestigt, auf dem in schwarzen Buchstaben zu lesen war: Volksbibliothek.

Volksbibliothek? dachte Tonio Kröger, denn er fand, daß hier weder das Volk noch die Literatur etwas zu suchen hatten. Er klopfte an die Tür ... Ein Herein ward laut, und er folgte ihm. Gespannt und finster blickte er in eine höchst unziemliche Veränderung hinein.

Das Geschoß war drei Stuben tief, deren Verbindungstüren offenstanden. Die Wände waren fast in ihrer ganzen Höhe mit gleichförmig gebundenen Büchern bedeckt, die auf dunklen Gestellen in langen Reihen standen. In jedem Zimmer saß hinter einer Art von Ladentisch ein dürftiger Mensch und schrieb. Zwei davon wandten nur die Köpfe nach Tonio Kröger, aber der erste stand eilig auf, wobei er sich mit beiden Händen auf die Tischplatte stützte, den Kopf vorschob, die Lippen spitzte, die Brauen emporzog und den Besucher mit eifrig zwinkernden Augen anblickte ...

„Verzeihung", sagte Tonio Kröger, ohne den Blick von den vielen Büchern zu wenden. „Ich bin hier fremd, ich besichtige die Stadt. Dies ist also die Volksbibliothek? Würden Sie erlauben, daß ich mir ein wenig Einblick in die Sammlung verschaffe?"

„Gern!" sagte der Beamte und zwinkerte noch heftiger ... „Gewiß, das steht jedermann frei. Wollen Sie sich nur umsehen ... Ist Ihnen ein Katalog gefällig?"

„Danke", antwortete Tonio Kröger. „Ich orientiere mich leicht." Damit begann er, langsam an den Wänden entlangzuschreiten, indem er sich den Anschein gab, als studiere er die Titel auf den Bücherrücken. Schließlich nahm er einen Band heraus, öffnete ihn und stellte sich damit ans Fenster.

Hier war das Frühstückszimmer gewesen. Man hatte hier morgens gefrühstückt, nicht droben im großen Eßsaal, wo aus der blauen Tapete weiße Götterstatuen hervortraten ... Das dort hatte als Schlafzimmer gedient. Seines Vaters Mutter war dort gestorben, so alt wie sie war, unter schweren Kämpfen, denn sie war eine genußfrohe Weltdame und hing am Leben. Und später hatte dort sein Vater selbst den letzten Seufzer getan, der lange, korrekte, ein wenig wehmütige und nachdenkliche Herr mit der Feldblume im Knopfloch ... Tonio hatte am Fußende seines Sterbebettes gesessen, mit heißen Augen, ehrlich und gänzlich hingegeben an ein stummes und starkes Gefühl, an Liebe und Schmerz. Und auch seine Mutter hatte am Lager gekniet, seine schöne, feurige Mutter, ganz aufgelöst in heißen Tränen; worauf sie mit dem südlichen Künstler in blaue Fernen gezogen war ...

Aber dort hinten, das kleinere, dritte Zimmer, nun ebenfalls ganz mit Büchern angefüllt, die ein dürftiger Mensch bewachte, war lange Jahre hindurch sein eigenes gewesen. Dorthin war er nach der Schule heimgekehrt, nachdem er einen Spaziergang, wie eben jetzt, gemacht, an jener Wand hatte sein Tisch gestanden, in dessen Schublade er seine ersten, innigen und hilflosen Verse verwahrt hatte ... Der Walnußbaum ... Eine stechende Wehmut durchzuckte ihn. Er blickte seitwärts durchs Fenster hinaus. Der Garten lag wüst, aber der alte Walnußbaum stand an seinem Platze, schwerfällig knarrend und rauschend im Winde. Und Tonio Kröger ließ die Augen auf das Buch zurückgleiten, das er in Händen hielt, ein hervorragendes Dichtwerk und ihm wohlbekannt. Er blickte auf diese schwarzen Zeilen und Satzgruppen nieder, folgte eine Strecke dem kunstvollen Fluß des Vortrags, wie er in gestaltender Leidenschaft sich zu einer Pointe und Wirkung erhob und dann effektvoll absetzte ...

„Ja, das ist gut gemacht", sagte er, stellte das Dichtwerk weg und wandte sich. Da sah er, daß der Beamte noch immer aufrecht stand und mit einem Mischausdruck von Diensteifer und nachdenklichem Mißtrauen seine Augen zwinkern ließ.

„Eine ausgezeichnete Sammlung, wie ich sehe", sagte Tonio Kröger. „Ich habe schon einen Überblick gewonnen. Ich bin Ihnen sehr verbunden. Adieu." Damit ging er zur Tür hinaus; aber es war ein zweifelhafter Abgang, und er fühlte deutlich, daß der Beamte, voller Unruhe über diesen Besuch, noch minutenlang stehen und zwinkern würde.
Er spürte keine Neigung, noch weiter vorzudringen. Er war zu Hause gewesen. Droben, in den großen Zimmern hinter der Säulenhalle, wohnten fremde Leute, er sah es; denn der Treppenkopf war durch eine Glastür verschlossen, die ehemals nicht dagewesen war, und irgendein Namensschild war daran. Er ging fort, ging die Treppe hinunter, über die hallende Diele, und verließ sein Elternhaus.

Tristan (S. 233/234)
„Ja, ich war einmal dort", wiederholte er. „Ein paar kurze Abendstunden. Ich entsinne mich einer alten, schmalen Straße, über deren Giebeln schief und seltsam der Mond stand. Dann war ich in einem Keller, in dem es nach Wein und Moder roch, das ist eine durchdringende Erinnerung . . ."
„Wirklich? Wo mag das gewesen sei? – Ja, in solchem grauen Giebelhause, einem alten Kaufmannshause mit hallender Diele und weißlackierter Galerie, bin ich geboren."
„Ihr Herr Vater ist also Kaufmann?" fragte er ein wenig zögernd.
„Ja. Aber außerdem und eigentlich wohl in erster Linie ist er ein Künstler."
„Ah! Ah! Inwiefern?"
„Er spielt die Geige . . . Aber das sagt nicht viel. *Wie* er sie spielt, Herr Spinell, das ist die Sache! Einige Töne habe ich niemals hören können, ohne daß mir die Tränen so merkwürdig brennend in die Augen stiegen, wie sonst bei keinem Erlebnis. Sie glauben es nicht . . ."
„Ich glaube es! Ach, ob ich es glaube! . . . Sagen Sie mir, gnädige Frau: Ihre Familie ist wohl alt? Es haben wohl schon viele Generationen in dem grauen Giebelhaus gelebt, gearbeitet und das Zeitliche gesegnet?"
„Ja. – Warum fragen Sie übrigens?"
„Weil es nicht selten geschieht, daß ein Geschlecht mit praktischen, bürgerlichen und trockenen Traditionen sich gegen das Ende seiner Tage noch einmal durch die Kunst verklärt."
„Ist dem so? – Ja, was meinen Vater betrifft, so ist er sicherlich mehr als ein Künstler als mancher, der sich so nennt und vom Ruhme lebt. Ich spiele nur ein bißchen Klavier. Jetzt haben sie es mir ja verboten; aber damals, zu Hause, spielte ich noch. Mein Vater und ich, wir spielten zusammen . . . Ja, ich habe all die Jahre in lieber Erinnerung; besonders den Garten, unseren Garten, hinterm Hause. Er war jämmerlich verwildert und verwuchert und von zerbröckelten, bemoosten Mauern eingeschlossen; aber gerade das gab ihm viel Reiz. In der Mitte war ein Springbrunnen, mit einem dichten Kranz von Schwertlilien umgeben. Im Sommer verbrachte ich dort lange Stunden mit meinen Freundinnen. Wir saßen alle auf kleinen Feldsesseln rund um den Springbrunnen herum . . ."

Doktor Faustus (Kap. VII, S. 55)
Es war eine stille Lage, abseits der Geschäftsgegend von Kaisersaschern, der Marktstraße, der Grieskrämerzeile: eine winklige Gasse ohne Trottoir, nahe dem Dom, in der Nikolaus Leverkühns Haus sich als das stattlichste hervortat. Dreistöckig, die Räume des abgesetzten und erkerförmig ausgebauten Daches nicht mitgezählt, war es ein Bürgerhaus aus dem sechzehnten Jahrhundert, das schon dem Großvater des Besitzers gehört hatte, mit fünf Fenstern Front im ersten Stock über dem Eingangstor, und nur vieren, mit Läden versehenen, im zweiten, wo erst die Wohnräume lagen und außen, über dem schmucklosen, ungetünchten Unterbau, die Holzwerkdekoration begann. Selbst die Stiege verbreiterte sich erst nach dem Podest des ziemlich hoch über der steinernen Diele gelegenen Halbgeschosses, so daß Besucher und Käufer – und es kamen solche auch vielfach von auswärts, von Halle und selbst von Leipzig – einen nicht unbeschwerlichen Aufgang zu dem Ziel ihrer Wünsche, dem Instrumenten-Magazin hatten, welches, wie ich gleich zu zeigen gedenke, allerdings eine steile Treppe wert war.

Der Dichter und das Haus

Meine Kindheit war gehegt und glücklich. Mit vier Geschwistern wuchs ich auf in einem eleganten Stadthause, das mein Vater sich und den Seinen erbaut hatte, und erfreute mich eines zweiten Heimes in dem alten Familienhaus aus dem 18. Jahrhundert, mit dem Spruche „Dominus providebit" am Rokoko-Giebel, welches meine Großmutter väterlicherseits allein bewohnte und das heute als „Buddenbrook-Haus" einen Gegenstand der Fremdenneugier bildet.

Diese Sätze stehen in dem berühmten Lebenslauf Thomas Manns aus dem Jahr 1936[1]. Auch später noch, in dem für Lübeck schicksalhaften Jahr 1942, hielt es Thomas Mann für richtig, das Haus Mengstraße 4 in seiner BBC-Rede vom April eigens zu erwähnen[2]. Dies erfolgte in Auseinandersetzung mit sich selber und mit der Bedeutung, die dies Haus für ihn und sein Werk hatte:

Sogar könnte es sein, daß mein Sinn für Gerechtigkeit durch dies Bombardement noch auf eine besondere Probe gestellt wäre. Schwedische Blätter melden, und amerikanische fragen mich danach aus, daß das Haus meiner Großeltern, das sogenannte Buddenbrook-Haus in der Mengstraße, bei dem Raid zerstört sein soll. Ich weiß nicht, ob die Nachricht wahr ist. Für viele draußen ist durch meinen Jugendroman der Name Lübecks nun einmal mit dem Gedanken an dies Haus verbunden, und leicht kommt es ihnen in den Sinn, wenn Bomben auf Lübeck fallen. An Ort und Stelle freilich heißt es schon längst nicht mehr das „Buddenbrook-Haus". Die Nazis, verärgert darüber, daß immer die Fremden noch danach fragten, hatten es umgetauft in „Wullenweber-Haus" (richtig: Brun-Warendorp Haus). *Das dumme Gesindel weiß nicht einmal, daß ein Haus, das den Stempel des achtzehnten Jahrhunderts an seinem Rokoko-Giebel trägt, nicht gut mit dem verwegenen Bürgermeister des sechzehnten etwas zu tun haben kann. Jürgen Wullenweber hat seiner Stadt durch den Krieg mit Dänemark viel Schaden zugefügt, und die Lübecker haben mit ihm getan, was die Deutschen denn doch vielleicht eines Tages mit denen tun werden, die sie in diesen Krieg geführt haben: sie haben ihn hingerichtet. Von den Bewohnern des Hauses, das man, um meinen Namen auszulöschen, nach dem seinen benannt hat, ist zu sagen, daß sie der Stadt immer nur Gutes getan haben, und auf meine Art bin sogar ich noch ihrem Beispiel gefolgt. Auf eigene Art einem Beispiel folgen, das ist Tradition. Das alte Bürgerhaus, von dem man nun sagt, daß es in Trümmern liege, war mir das Symbol der Überlieferung, aus der ich wirkte. Aber solche Trümmer schrecken nicht denjenigen, der nicht nur aus der Sympathie für die Vergangenheit, sondern auch aus der für die Zukunft lebt. Der Untergang eines Zeitalters braucht nicht der Untergang dessen zu sein, der in ihm wurzelt und der ihm entwuchs, indem er es schilderte.*

Das Haus Mengstraße 4 war für Thomas Mann also erheblich mehr als nur ein zur beliebigen Verfügung stehendes Requisit aus der Vergangenheit. Es materialisierten sich in ihm gleichsam die Traditionen seiner eigenen Familie, wie er sie verstand. So wurde das Haus zum Denkmal großbürgerlich-patrizischen Wirkens aus hanseatischem Kaufmannsgeist. Gleichzeitig diente ihm das großväterliche Anwesen, das ihm in seiner Kindheit einen unauslöschlichen Eindruck gemacht haben muß, auch als Hintergrund für sein Selbstverständnis als Kulturmensch; er wurzelte willentlich in eben diesen Traditionen, bejahte sie und begriff sich selbst in wesentlichen Zügen von ihnen her. Die Überzeugung, nicht irgendwer, sondern Abkömmling von *Ratsherren im Mecklenburgischen* und *Kaufleute(n) des römischen Reiches*[3] zu sein, also über gewachsene Tradition zu verfügen, zeichnete ihn für sich selbst aus und hob ihn vor anderen hervor. Thomas Mann hat dies mit den Worten des Thomas Buddenbrook formuliert und benutzte dabei das Mengstraßenhaus, um dies anschaulich darzulegen. Als nämlich das Haus nach dem Tod der Konsulin verkauft werden soll, läßt Thomas Mann Thomas Buddenbrook zu seiner noch widerstrebenden Schwester Tony sagen:

[1]) Th. Mann GW XI, S. 451. – Vgl. auch den *Lebensabriß* von 1930, der ähnliche, leicht variierte Sätze enthält. Der *Lebenslauf,* ebenfalls 1930, geht dagegen auf das *Familienhaus* nicht ein, s. Th. Mann GW XI, S. 98 bzw. S. 413 ff.

[2]) Th. Mann GW XI, S. 1034/1035.

[3]) Th. Mann, Lübeck als geistige Lebensform, GW XI, S. 386.

Um aber auf das Haus zurückzukommen, so hat ja das alte längst kaum noch eine tatsächliche Bedeutung für die Familie, sondern die ist allmählich ganz auf das meine übergegangen . . . ich sage das, um dich für jeden Fall zu trösten. Andererseits ist es ja klar, wodurch Konsul Hagenström auf Kaufgedanken gebracht worden ist. Die Leute sind emporgekommen, ihre Familie wächst, sie sind mit Möllendorpfs verschwägert und an Geld und Ansehen den Ersten gleich. Aber es fehlt ihnen etwas, etwas Äußerliches, worauf sie bislang mit Überlegenheit und Vorurteilslosigkeit verzichtet haben . . . Die historische Weihe, sozusagen das Legitime . . . Sie scheinen jetzt Appetit danach bekommen zu haben, und sie verschaffen sich etwas davon, indem sie ein Haus beziehen wie dieses hier . . . Paß auf, der Konsul wird hier alles möglichst konservieren, er wird nichts umbauen, er wird auch das „Dominus providebit" über der Haustür stehen lassen, obgleich man billig sein und ihm zugestehen muß, daß nicht der Herr, sondern er ganz allein der Firma „Strunck & Hagenström" zu einem so erfreulichen Aufschwung verholfen hat . . .[4]

Trotzdem dürfte bei der Vorliebe Thomas Manns für das Familienhaus ursprünglich auch ein wenig Koketterie mitgespielt haben. Der großartig weitläufige Roman, den die Szenerie des Hauses bot, 18. Jahrhundert, luxuriöse Ausstattungen, war dem Dichter hochwillkommen als vornehm-distinguierte Kulisse. Sie konnte noch aus der Ferne, selbst wenn sie immer mehr in die Zeit einsank und in den Schatten der Vergangenheit undeutlicher wurde, ihre Zauberwirkung ausüben: Das Haus verklärte sich, wurde prächtiger und faszinierender, als es je in Wirklichkeit gewesen war.

Thomas Mann wäre kein so großer Künstler gewesen, wenn er nicht erkannt hätte, daß sich das Haus auch noch auf andere Weise gebrauchen ließ. Dabei gewann er diesem Sujet erstaunlich viele Facetten ab. Zum Beispiel: War das Haus im *Buddenbrooks*-Roman doch in weiten Strecken ziemlich realistisch geschilderter Schauplatz und Rahmen eines großen Teils der Handlung, wurde es im *Tristan* zur Metapher des Untergangs. Ihm war Gabriele Eckhof geweiht als überfeinertes, nicht mehr lebensfähiges Endprodukt einer sich erschöpft habenden Kultur, die vor ihrem Verlöschen noch einmal verführerisch aufleuchtet.

Anders wieder im *Tonio Kröger.* Zwar realistisch beschrieben, repräsentiert das Haus in dieser Novelle die endgültig abgeschlossene Vergangenheit. Zu ihr führt höchstens noch der Weg des Erinnerns zurück. Zurückholbar ist sie nicht, ein Neubeginn aus ihr heraus nicht möglich. Trotzdem bleibt ihr der Held der Geschichte unlösbar verhaftet. Tonio Kröger sucht die Vergangenheit auf, indem er sich wirklich an die Stätte seiner Kindheit begibt, dabei ihre Veränderung und die seine erlebend.

Im *Bajazzo* dagegen erfolgt die Auseinandersetzung mit Herkunft, Kindheit und persönlichen Bedingungen in reflektierender Rückschau. Das Haus ist *altersgrau* und steht in einer der *schmalen, winkeligen Gassen* der kleinen, alten Stadt. Beides zusammen kontrastiert zu der eleganten *mitteldeutschen Residenzstadt,* in der man eine Wiederspiegelung Münchens erkennen möchte, wo sich der fiktive bzw. der wirkliche Erzähler niedergelassen hat. In sinnreicher und kunstvoller Weise wird damit Vergangenheit und Gegenwart für den an seinem Künstlerschicksal leidenden *Bajazzo* umrissen.

In der Novelle *Der kleine Herr Friedemann* ist das Haus wieder Symbol für an sich schon Vergangenes, nicht mehr zum Leben Befähigtes. Die Tapeten des Wohnzimmers zeigen *verblichene Landschaften,* das ganze Milieu wirkt alt, abgelebt, der Walnußbaum im Hof ist alt und knorrig. Ihn umweht süßlicher Dunst, vordergründig wegen der Nähe einer Zuckerfabrik, eigentlich aber als Hauch der Verwesung. Anders als das Haus des Herrn Friedemann die mondäne Villa der Frau von Rinnlingen in der Vorstadt. Sie scheint voll intakt, auf der Höhe der Zeit. Trotzdem ist ihre Herrin doch schon von morbiden Schatten gekennzeichnet.

Es konnte kaum ausbleiben, daß Thomas Mann im *Doktor Faustus*-Roman, da, wo von Kaisersaschern die Rede ist, auch das Familienhaus in der Lübecker Mengstraße, versetzt in die Parochialstraße 15, *auftreten* läßt. Denn: Wer wollte es leugnen, daß Kaisersaschern ziemlich unverhüllt die Züge Lübecks trägt, wenn auch in einer gewollt verkleinernden Sicht? Und da auch sonst Biographisches und persönlich Erlebtes in den Roman verwoben ist, verlieh er dem Haus in der *winkelige*(n) *Gasse ohne Trottoir*

[4]) Th. Mann, Buddenbrooks IX, 4, GW I, S. 599/600.

Abb. 73: Thomas Mann und Frau Katia vor dem zerstörten Buddenbrookhaus bei ihrem Lübeck-Besuch im Jahr 1953. H. Kripgans, Foto 1953.

nahe dem Dom eine ähnliche Bedeutung für den Helden des Romans, Adrian Leverkühn, wie sie das Haus Mengstraße 4 für den Autor gehabt hatte, zwar auf anderer Ebene, aber doch von prägendem Einfluß.

Thomas Mann benutzte also das einmal real existent gewesene Haus Mengstraße 4 mit verschiedenen Absichten und in unterschiedlicher Art. Um letzteres genauer erkennen zu können, mag es hilfreich sein, den jeweiligen Realitätsbezug aufzuspüren. Es stellt sich daher die Frage: Wie verhält sich Thomas Mann bzw. wie verhalten sich seine Beschreibungen des Hauses Mengstraße 4 zur historischen Wirklichkeit? Von vornherein ist festzustellen, daß die Relation Wirklichkeit und Dichtung in den einzelnen Novellen und Romanen unterschiedlich stark ausgeprägt ist, je nach dem Wollen des Autors.

Der Wirklichkeit am nächsten stehen die Beschreibungen im *Buddenbrooks*-Roman und im *Tonio Kröger.* Die Untersuchungen zu dem historischen Gebäude Mengstraße 4, zunächst soweit irgend möglich ohne Berücksichtigung der Texte Manns allein mit Hilfe des historischen Quellenmaterials durchgeführt, ergaben nämlich, daß *Buddenbrooks* und *Tonio Kröger* tatsächlich die einstige Wirklichkeit beschreiben. Allerdings sind – für die literarische Technik des Autors bezeichnende – Einschränkungen zu machen: Die Beschreibungen sind nur bis zu einem gewissen, jedoch variierenden Realitätsgrad getrieben. Sie regen mehr die Vorstellungskraft des Lesers an, vor dem inneren Auge ein lebhaftes Bild entstehen zu lassen, als daß sie überall exakt bis in die letzten Einzelheiten gehen. Meist vermitteln sie nur einen ziemlich allgemeinen Eindruck, der aber, dank der Mitteilung einzelner, realistischer Details, eine authentisch wiedergegebene Wirklichkeit suggeriert. Diese Technik handhabt Thomas Mann mit virtuoser Meisterschaft.

Man kann daher mit Hilfe der scheinbar so genauen Beschreibungen Manns das Haus im Äußeren wie im Inneren nicht rekonstruieren. Das dürfte auch nicht in der Absicht des Autors gelegen haben. Ihm ging es um Literatur, um eine andere Ebene von Wahrheit, nicht um historische Authentizität eines Ortes und seiner Personen. Wer das nicht glauben mag, versuche einmal, das *Götterzimmer,* das *Landschaftszimmer* oder die *Säulenhalle* mit den Mannschen Schilderungen als Leitfaden zu zeichnen. Er wird schnell scheitern! Unmöglich auch, mit *Buddenbrooks* oder *Tonio Kröger* bestimmte Einzelheiten und Eigenheiten des Grundrisses zu ermitteln: Beispielsweise gestaltet sich die Suche nach dem Zwischengeschoß schwierig; Lage und Anzahl der Räume am *Korridor,* der nach normalen Begriffen gar keiner war, lassen sich überhaupt nicht feststellen.

In *Buddenbrooks* hatte Thomas Mann das Haus der Wirklichkeit – mit oben gemachten Einschränkungen – als Bühne für das Familiendrama entliehen. Diese Bühne konnte jeder ohne Schwierigkeiten mit dem alten Familiensitz in der Mengstraße identifizieren. Waren aber alle Details, soweit mitgeteilt, tatsächlich in dem Haus zu finden, und wie *wirklich* waren sie beschrieben? Hier wirft der Vergleich mit der *historischen* Wirklichkeit wieder interessante Schlaglichter auf die Arbeitsweise, literarische Virtuosität und Absichten des Dichters.

Nehmen wir das *Landschaftszimmer.* Thomas Mann schildert zwar allgemein das wirkliche Landschaftszimmer im Haus Mengstraße 4, sogar mit seiner Ofennische, und vor ihr das metallene Gitter, jedoch nicht die einst vorhandenen Wanddekorationen in ihrer realen, historischen Eigenart. Statt dessen schreibt er von Wandbespannungen, bemalt *im Geschmack des achtzehnten Jahrhunderts,* was natürlich gut zu dem 1758 erbauten Haus und seiner Ehrwürdigkeit paßte. Nun war aber das Landschaftszimmer in Wirklichkeit ein kombiniertes Landschafts- und Götterzimmer, dazu noch aus etwas späterer Zeit! Was mag den Dichter dazu veranlaßt haben, so von der Wirklichkeit abzuweichen?

Einen Grund dürfte man wohl in der Absicht des Dichters suchen, die Wiederholung von zwar vorhandenen, für die Erzählung aber unwichtigen, die Sache eher komplizierenden Details zu vermeiden und so für den Leser nicht langweilig zu werden. An der Datierung *Achtzehntes Jahrhundert* könnte freilich Unkenntnis der eigentlichen Verhältnisse mit schuld sein. Erinnern wir uns: Als die Großmutter starb, war Thomas Mann gerade 15 Jahre alt, als das Haus verkauft wurde, 16. 1894 verließ er Lübeck endgültig. Pläne für seinen großen Roman hatte er da noch keine. Selbst wenn der Dichter das Foto vom Landschaftszimmer kannte, konnte es ihm wenig bei der baugeschichtlichen Einordnung helfen, sollte ihn das überhaupt interessiert haben, und noch weniger bei der Beschreibung der Landschaften.

Immerhin fällt ja auf, daß Mann auf die Art der Landschaften, ob Gebirge, Ausblicke, Ebenen usw., gar nicht eingeht, sondern nur auf die Staffagefiguren, unter denen – immerhin – Schäferinnen Lämmer *am Rande spiegelnden Wassers* (!) in ihrem Schoße hielten. War nun Thomas Mann auf eigene Erinnerungen aus seiner Knabenzeit angewiesen, dürfte es nicht erstaunen, daß er die Figuren, und nicht die Landschaften, am besten in Erinnerung behielt und deshalb heraushob. Allerdings gab es da noch den vier Jahre älteren Bruder Heinrich, mit dem zusammen er sich in Rom aufhielt und schon im Dezember 1897 am 15. Kapitel (=Teil II, Kapitel 5) der *Buddenbrooks* schrieb (Brief an Otto Grautoff, 11. Dezember 1897). Heinrich Mann aber hatte bereits in seinem 1894 erschienenen Roman *In einer Familie* das *Sommerzimmer* der alten Großmutter beschrieben, das *nach den die Wände zierenden altmodischen Tapeten, auf denen die wechselnden Scenen des sommerlichen Landlebens dargestellt waren,* benannt war, wo der violette Abendhimmel *nach dem Muster des Claude Lorrain . . . in der Reihe der Landschaften immer wiederkehrte.*

Interessant ist auch die Art und Weise, wie Thomas Mann den Speisesaal, also das *Götterzimmer,* vorstellt. Im Gegensatz zur Beschreibung der Möbel im *Landschaftszimmer,* die dort, anders als in der Wirklichkeit, als *nicht* zahlreich und dem klassizistischen Stil zugeordnet, vorgestellt werden, hält er sich im Speisezimmer an die tatsächlich vorhanden gewesenen Einrichtungsgegenstände, charakterisiert sie aber mit so allgemeinen, abstrakte Qualitäten kennzeichnenden Worten, daß das Vorbild, ein typisch historistisches Möblement der 1840er Jahre, nicht erkennbar wird. Statt dessen sieht man ein nobles, gediegenes, maßvoll elegantes und prachtvolles Interieur vor sich:

Man saß auf hochlehnigen, schweren Stühlen, speiste mit schwerem Silbergerät schwere, gute Sachen, trank schwere, gute Weine dazu und sagte seine Meinung. (*Buddenbrooks*, Teil I, Kapitel 5).

Sehr deutlich wahrnehmbar ist der Bezug zur Wirklichkeit des Hauses Mengstraße 4 auch in der Novelle *Der kleine Herr Friedemann.* Freilich ist die Beschreibung nicht so ausführlich wie in *Buddenbrooks* oder in *Tonio Kröger.* So fehlt das *Götterzimmer.* Außerdem geht Mann mit dem Vorbild etwas freier um: Er versetzt das *historische* Mobiliar des – hier ja nicht mehr vorkommenden – Götterzimmers in das Wohnzimmer der Familie Friedemann. In ihm ist aber das Landschaftszimmer von Mengstraße 4 deutlich erkennbar.

Im *Bajazzo* wird das väterliche Haus des (fiktiven) Erzählers wieder ausführlicher vorgestellt, jedenfalls das Innere. Dem aufmerksamen Leser wird dabei sofort klar, daß in Wirklichkeit Mengstraße 4 beschrieben wird. Da, wo es um den über der Haustür eingemeißelten Spruch geht, verläßt Thomas Mann jedoch das Vorbild: es heißt dort nicht mehr *Dominus providebit,* sondern *Ora et labora.* Doch gerade in dieser Abänderung liegt hier der Sinn der Geschichte: Der materielle Besitz des Hauses, wohlerworbenes Eigentum von rechtschaffen, gottesfürchtig und tätig arbeitenden, in die ererbten Traditionen eingebundenen Generationen, wird von dem verwirkt, der den bislang selbstverständlichen Weg nicht mehr gehen will oder kann und sein Leben nur für sich selbst dahinbringt, auf der Suche nach einem veränderten Sinn, in Konfrontation mit seinem Künstlerschicksal. Ora et labora: die Verwirklichung dieser Devise ist dem *Bajazzo* auf herkömmliche Weise nicht mehr möglich. Damit offenbart Thomas Mann gleichzeitig einen Teil seines eigenen Lebensproblems.

Das Vaterhaus der Gabriele Klöterjahn geb. Eckhof in der Novelle *Tristan* scheint im Vergleich zu Thomas Manns anderen Texten von dem Vorbild Mengstraße am weitesten abstrahiert. Es ist auch ausschließlicher als Metapher, nicht als (teilweiser) Handlungsort, verwendet. Deshalb macht es nichts aus, daß das Eckhofsche Haus in Bremen und nicht in Lübeck, wie das eigentliche Vorbild, steht. Dennoch verweisen einige Details ganz direkt auf die Mengstraße 4, d. h., sie sind von dort so entliehen: Es ist die Rede von dem *grauen Giebelhause, einem alten Kaufmannshause mit hallender Diele und weiß lackierter Galerie,* und von dem Garten *hinterm Hause* mit dem Springbrunnen. Natürlich sind diese Angaben an sich ziemlich allgemeiner Natur; das entspricht aber einerseits einer literarischen Technik des Dichters, andererseits wird derjenige, der über die Verhältnisse Mengstraße 4 und Thomas Mann Bescheid weiß, trotzdem sofort das Vorbild erkennen. Wieder deutlicher als im Tristan, doch dem fiktiven

Charakter *Kaisersascherns* entsprechend verfremdet, tritt uns Mengstraße 4 in dem Haus *Parochialstraße 15* im *Doktor Faustus* entgegen. Nicht ohne Vergnügen sieht man den Dichter mit leiser Ironie bei seiner Camouflage am Werk. Er schreibt kunstvoll verschleiernd, Nikolaus Leverkühns Haus sei *dreistökkig, die Räume des abgesetzten und erkerförmig ausgebauten Daches nicht mitgezählt,* wohl wissend, daß Mengstraße 4 insgesamt drei Stockwerke zählte. Dann macht er, zur Fachwerkstadt *Kaisersaschern* passend, aus dem Lübecker steinernen Haus einen Fachwerkbau, der indessen wieder dieselbe Breite von fünf Fensterachsen hat wie das Lübecker Original. Hier wie dort führt aus der Diele eine Treppe zu einem Podest, wo sich der Eingang zum Halbgeschoß bzw. *Zwischengeschoß* (*Buddenbrooks*, Teil I, Kapitel 8) befindet, empor. Nur ist sie in dem Kaisersaschener Haus steil, denn der Weg zur Kunst ist beschwerlich, während sie in dem noblen Patrizierhaus der Buddenbrooks natürlich in breiten und bequemen Stufen aufsteigt. Schließlich sind beide Häuser, das Kaisersaschener wie das Lübecker, *Familienhäuser.* Hier wie dort gehörte das *Bürgerhaus* schon dem Großvater. Im *Doktor Faustus* ist es noch materiell im Besitz des Nikolaus Leverkühn, des Onkels des Helden. Das wirkliche Haus Mengstraße 4 bleibt dagegen *nur noch* geistiges Eigentum des Enkels Thomas Mann. Geistiger Besitz ist aber allein das, was letztlich zählt. Er ist unabhängig vom Materiellen, unverlierbar und unzerstörbar.

Das Lübecker Bürgerhaus Mengstraße 4 besaß also unstreitig in mehrerer Hinsicht eine große Bedeutung für den Menschen und Dichter Thomas Mann. Aus diesem Grund wird dies Haus, seine einstige Wirklichkeit und wie sie sich im Werk Manns spiegelt, verwandelt und vielfältig bricht, immer von Interesse sein, mindestens für diejenigen, die sich mit dem Werk des Dichters und Schriftstellers Thomas Mann befassen. Für alle gilt aber: Thomas Mann hat das Haus Mengstraße 4 in Lübeck zu einer der berühmtesten Stätten der Weltliteratur gemacht!

Die Lübecker Familie Mann

Generation:

I. Johann Siegmund Mann d. Ä. ⚭ Anna Catharina Grotjahn
(1751 Rostock – 1848 Lübeck)
gründet etwa 1790 die Firma

II. Johann Siegmund Mann d. J. ⚭ 1. 1825 Emilie Wunderlich
(1797 Lübeck – 1863 Lübeck) (1806 Lübeck – 1833 Lübeck)
1845 kgl. niederländischer Konsul

III. Kinder:
1) Ida (1826–1829)
2) Johann Siegmund (Sohn; 1827–1884)
3) Annette Marie Friederike (1829–1836)
4) Paul Günther Wilhelm (1830–1901)
5) Tochter, 1833 (starb ungetauft)

⚭ 2. 1837 Elisabeth Marty
(1811 Lübeck – 1890 Lübeck)

III. Kinder:
1) Marie Elisabeth Amalie Hippolithe (1838–1917)
2) Thomas Johann Heinrich (1840–1891; 1877 Senator)
3) Johannes („Hänschen“) (1842–1844)
4) Olga Maria (1845–1886)
5) Friedrich Wilhelm Lebrecht (1847–1926)

Die Verwandtschaftsverhältnisse der Familien Croll–Marty–Mann

Johann Michael Croll ∞ Catharina Elisabeth Ganslandt
(1706–1777)

Johann Wilhelm Croll ∞ Salome Ganslandt
(1753–1807)
sieben überlebende Kinder, darunter:
Catharina Elisabeth ∞ Johann Heinrich Marty
(1779–1844)

Johannes ∞ Louise Elisabeth
(1798–1847) v. Tiling

Charlotte
(geb. 1824)

drei Kinder, darunter:
Emma Wilhelmine ∞ Alexander Wilh. Carl Grammann
(1815–1886) (1813–1873)
Vorbesitzer des späteren Hauses Beckergrube 52,
Elternhaus der Brüder Mann (Neubau)

und Elisabeth ∞ Johann Siegmund Mann d. J.
(1811–1890) (1797–1863)
vier überlebende Kinder, darunter:
Thomas Heinrich ∞ Julia Bruhns-da Silva
(1840–1891) (1851–1923)
fünf Kinder, darunter:
Luiz Heinrich (1871–1950) und
Paul Thomas (1875–1955)

Eigentümer und Mieter des Hauses Mengstraße 4 (1758 bis 1993)

Eigentümer

Johann Michael Croll, 1758
Johann Wilhelm Croll, 1777
Johannes Croll, 1807
Johann Siegmund Mann d. J., 1842
Johann Thomas Heinrich Mann, 1890
Boldemann & Deecke, 1891
Lübeckischer Staat, 1893
Volksbank Lübeck, 1954
Hansestadt Lübeck, 1992

Mieter, Ereignisse

1893–1895	Vermessungsbureau (Katasteramt)
1893–1896	Haakes technisches Büro und Installationsgeschäft
1894–1897	v. Matthies, Steindruckerei und Wohnung
1897–1899	Volkslesehalle
1897–1921	Bierverlagsgesellschaft
1898–1905	Lübeckische Staatslotterie
1901–1908	Wigger's Kontor (Agenturen)
1907–1917	Gebrüder Heick
1908–1923	Polizeikasse
1909–1918	Bureau der holländischen Margarine-Werke Jurgens & Prinzen
1909–1925	Caroline Meyer, Damenfrisier-Salon
1913	Geschäftszimmer der 81. Infanterie-Brigade und des Garnison-Kommandos
1913–1930	Verein zur Hebung des Fremdenverkehrs
1919–1920	E. Aland/Lagerräume
1923–1929	Buddenbrook-Buchhandlung
1925–1942	Statistisches Landesamt
1926–1942	Landwirtschaftliche Versuchsstation/ Hauptstelle für Pflanzenschutz
1930–1942	F. Michael, Samenhandlung
1942	In der Palmsonntagsnacht brennt das Haus infolge des Bombenangriffs auf Lübeck völlig aus. Erhalten bleiben nur die Straßenfassade und die Kellergewölbe.
1954	Die Hansestadt Lübeck verkauft das Grundstück Mengstraße 4 zum Wiederaufbau an die Volksbank Lübeck.
1957	Die Volksbank Lübeck eröffnet eine Filiale.
1993, 6. Mai	Das Heinrich und Thomas Mann-Zentrum wird eröffnet.

Quellen- und Literaturverzeichnis in Auswahl

Quellen

Die ungedruckten Quellen befinden sich zum größeren Teil im Archiv der Hansestadt Lübeck, zum kleineren im Buddenbrookhaus. Heinrich und Thomas Mann-Zentrum (Leihgaben Frau Lisa Dräger, früher Museum für Kunst und Kulturgeschichte, Abt. Drägerhaus). Für den genauen Nachweis siehe Kommer (1983), S. 13 (voller Titel unten).

Thomas Mann – Texte zum Buddenbrookhaus: siehe Kapitel „Thomas Mann und Mengstraße 4“ (Seite 102).

Literatur

Lübeck

Kunst und Kultur Lübecks im 19. Jahrhundert. Herausgegeben vom Museum für Kunst und Kulturgeschichte, Lübeck 1981 (Begleitband zur Eröffnung des Museums Drägerhaus).

Lübeckische Geschichte. Herausgegeben von Antjekathrin Graßmann, Teil VI: Gerhard Ahrens, Von der Franzosenzeit bis zum Ersten Weltkrieg 1806–1914: Anpassung an Forderungen der neuen Zeit, Lübeck 1988.

Buddenbrooks

Buddenbrook-Handbuch. Herausgegeben von Ken Moulden und Gero von Wilpert, Stuttgart 1988 (darin die zum Thema erschienene Literatur).

Buddenbrookhaus

Björn R. Kommer, Das Buddenbrookhaus. Wirklichkeit und Dichtung. Hefte zur Kunst und Kulturgeschichte der Hansestadt Lübeck 6, Lübeck 1983.

Derselbe, Das Buddenbrookhaus in der Mengstraße zu Lübeck. Einige Bemerkungen und Gedanken, in: Zeitschrift des Vereins für Lübeckische Geschichte und Altertumskunde 70, 1990, S. 207–222.

Biographisches

Johann Siegmund Mann jun. Skitzen aus dem Leben von Johann Siegmund Mann JR. in Lübeck geschr. in Ober-Salzbrunn in Schlesien im July 1852, in: Sinn und Form. Beilage zur Literatur, herausgegeben von der Deutschen Akademie der Künste, Sonderheft Thomas Mann, Berlin 1965, S. 45–53.

Elisabeth Haag, gesch. Elfeld, geb. Mann Julia Mann, Tante Elisabeth, in: Sinn und Form 15, 1963,

Sonstige Literatur

Siehe Kommer (1983), S. 121/122 (Literaturverzeichnis)

Ergänzungen

Björn R. Kommer, Das Behnhaus in Lübeck, in: Der Wagen 1986. Ein Lübeckisches Jahrbuch, S. 69–82.

Derselbe, Kleiner Beitrag zur Geschichte der Familie Mann und zu Thomas Manns „Buddenbrooks“, in: Thomas-Mann-Jahrbuch 3, 1990, S. 255–260.

Standort- und Bildnachweis

Objekte

Abb. 11 (Taufschale), Farbtafel 2 (gläserner Jubiläumspokal), Abb. 13 (Bergenfahrerpokal), Abb. 44 (Rekonstruktionsmodell): Heinrich und Thomas Mann-Zentrum im Buddenbrookhaus Lübeck, (Abb. 11, Abb. 44 Leihgabe des Museums für Kunst und Kulturgeschichte der Hansestadt Lübeck, Farbtafel 2 und Abb. 13 Leihgaben Frau Lisa Dräger, Lübeck)

Gemälde und Zeichnungen/Graphiken

Museum für Kunst und Kulturgeschichte der Hansestadt Lübeck: Farbtafel 1, 3, 9, Abb. 2, 4, 17, 19, 27, 36, 48–50, 54, 55, 66, 67.

Archiv der Hansestadt Lübeck:
Abb. 3, 46, 58–60, 68.

Kaufmannschaft zu Lübeck:
Abb. 26.

Privatbesitz:
Abb. 23, 24.

Fotos

Farbtafeln V–VII Landesbildstelle Baden, Karlsruhe.

Alle übrigen Fotos Fotoarchiv des Museums für Kunst und Kulturgeschichte der Hansestadt Lübeck.

Das Buddenbrookhaus: Heinrich und Thomas Mann-Zentrum

Hans Wißkirchen

Charles Coleman Verlag

Beilage zu:
Björn R. Kommer,
Das Buddenbrookhaus in Lübeck
Geschichte, Bewohner, Bedeutung

Printed in Germany 1993.
Gesamtherstellung: LN-Druck, Lübeck

Das Buddenbrookhaus als Heinrich und Thomas Mann-Zentrum

Die wechselvolle Geschichte des Buddenbrookhauses zeigt, daß es auf eine zweifache Art und Weise mit dem Leben der Brüder Mann verknüpft ist.
Zum ersten in der geschichtlichen Wirklichkeit. Das 1758 von Johann Michael Croll erbaute Haus wurde 1842 für 23000 Courantmark von Johann Siegmund Mann erworben, dem Großvater Heinrich und Thomas Manns. Die beiden verbrachten viele Stunden ihrer Jugendzeit in dem großväterlichen Besitz. Auch wenn nach der Bombardierung Lübecks im Jahre 1942 nur noch die Fassade und das Kellergewölbe an das originale Haus erinnern, bleibt es doch ein Faktum, daß der Ort auf eine direkte Art und Weise mit dem Leben Heinrich und Thomas Manns verbunden ist.
Neben diesem realgeschichtlichen Bezug existiert natürlich noch der zweite, literarisch gegründete. Es ist keine Übertreibung, wenn man behauptet: Es gibt in der ganzen Weltliteratur nicht den Fall, daß ein Haus durch ein Kunstwerk zu solchem Ruhm gelangt, zu einem so symbolischen Ort geworden ist wie das Haus der Großeltern Manns durch den Roman *Buddenbrooks*. Auch wenn die historischen Räume, in denen große Teile des Werkes spielen, zerstört sind, geht doch von dem Haus eine ungebrochene Ausstrahlung für die Besucher aus aller Welt aus.
Nachdem die Hansestadt Lübeck 1991 das Buddenbrookhaus mit Hilfe der Bundesrepublik Deutschland, des Landes Schleswig-Holstein sowie vieler Spender erworben und umgebaut hat, soll es nun an Heinrich und Thomas Mann erinnern. Dabei begreift sich das Buddenbrookhaus bewußt als ein modernes Heinrich und Thomas Mann-Zentrum. Dies ist in einem doppelten Sinne zu verstehen.
Zuerst in einem architektonischen. Da von der historischen Bausubstanz aus den Zeiten der Familie Mann nur noch die Fassade und der Keller vorhanden waren, wurde der Umbau konsequent auf die neue Nutzung hin ausgerichtet. Es wird keine falsche Historizität vorgespiegelt, sondern das Neue und das Alte stehen in wechselseitigem Bezug nebeneinander. Wer das Haus betritt, wer die historische Tür durchschritten hat, der bemerkt sofort, daß hier etwas Neues, etwas Aktuelles stattfindet.
Die Architektur ist aber nur äußeres Merkmal für die Inhalte, die vermittelt werden sollen. Zum zweiten nämlich gilt: Im Buddenbrookhaus sollen Werk und Leben von Heinrich und Thomas Mann den heute Lebenden nahegebracht werden. In einer Zeit der neuen Medien, in der Fernsehen und Computer zunehmend unsere Wahrnehmung bestimmen, will das Heinrich und Thomas Mann-Zentrum den Nachweis erbringen, daß auch Literatur, zumal große wie die der Brüder Mann, aktuelle Bedeutung hat, den Menschen Vergnügen und Nutzen bringen kann.
In diesem Sinne vereinigt das Buddenbrookhaus unter seinem Dach drei verschiedene Bereiche: Es ist Ausstellungs-, Veranstaltungs- und Forschungszentrum.
Um Ihnen einen Einblick von den Räumlichkeiten und den ihnen zugeordneten Funktionen zu ermöglichen, lade ich Sie zu einem kleinen Gang durch das Haus ein.

Dauerausstellung

Betritt man das Haus, so befindet man sich im Foyer, von dem aus alle drei Funktionsbereiche bequem zu erreichen sind. Direkt geradeaus im Erdgeschoß liegt der Mittelpunkt des Hauses, die Dauerausstellung, die das Leben und Werk von Heinrich und Thomas Mann darstellt, wobei der Schwerpunkt auf dem Verhältnis der Brüder zueinander und zu ihrer Heimatstadt Lübeck liegt. Rechter Hand ist ein Verkaufsraum, der nicht nur die Eintrittskarten für die Ausstellung bereithält, sondern weiteres Material über das Buddenbrookhaus und die Brüder Mann, so etwa wichtige Literatur, Postkarten, Poster und vieles andere mehr.
Zu Beginn der Ausstellung, befindet man sich im Lübeck der Zeit um 1870/80, der Geburtsjahre von Heinrich (1871) und Thomas Mann (1875). Es ist ein Bereich der Einstimmung, dem neun Etappen aus dem Leben der Brüder Mann folgen. Er wird abgeschlossen von einer Lebenschronik der beiden, die eine erste Orientierung gibt.
Für die Präsentation im Buddenbrookhaus ist ein vollständig neuer Vitrinentyp entworfen worden. Es handelt sich um eine Hochvitrine, die dem Besucher in bequemer Lesehöhe alle Informationen darbietet. Im Mittelbereich der Ausstellung besteht diese Vitrine aus mehreren hintereinander angeordneten Glasscheiben, die es erstmals in einer Literaturausstellung ermöglichen, eine mehrdimensionale Form der Darstellung zu erreichen.
Die Ausstellung ist chronologisch angelegt, und ihr erster Teil ist daher mit *Familie* überschrieben. Hier wird die Herkunft der Manns gezeigt, und zwar in Form eines Stammbaums, und einer großen Familienvitrine, die wichtige Exponate aus ihrem privaten und geschäftlichen Leben enthält. Zu nennen wären etwa der Pokal zum einhundertjährigen Firmenjubliäum und ein originales Geschäftsjournal, in dem der Kauf des Buddenbrookhauses verzeichnet ist.
Jugend in Lübeck ist der folgende Teil der Ausstellung betitelt. Hier wird dem Besucher die Stadt an der Trave vorgestellt, damit er einen Eindruck von den wirtschaftlichen, kulturellen und politischen Verhältnissen dieser Zeit erhält. Darüber hinaus werden die prägenden Dinge jener Jahre, etwa die Schule und das Theater, sowie Heinrich und Thomas Manns Leben als Jugendliche in Lübeck dargestellt. Der Tod des Vaters schließt diese Abteilung ab. Er bildet eine entscheidende Wende im Leben der Brüder. Die Sicherheit und Geborgenheit im Familienzusammenhang der reichen und

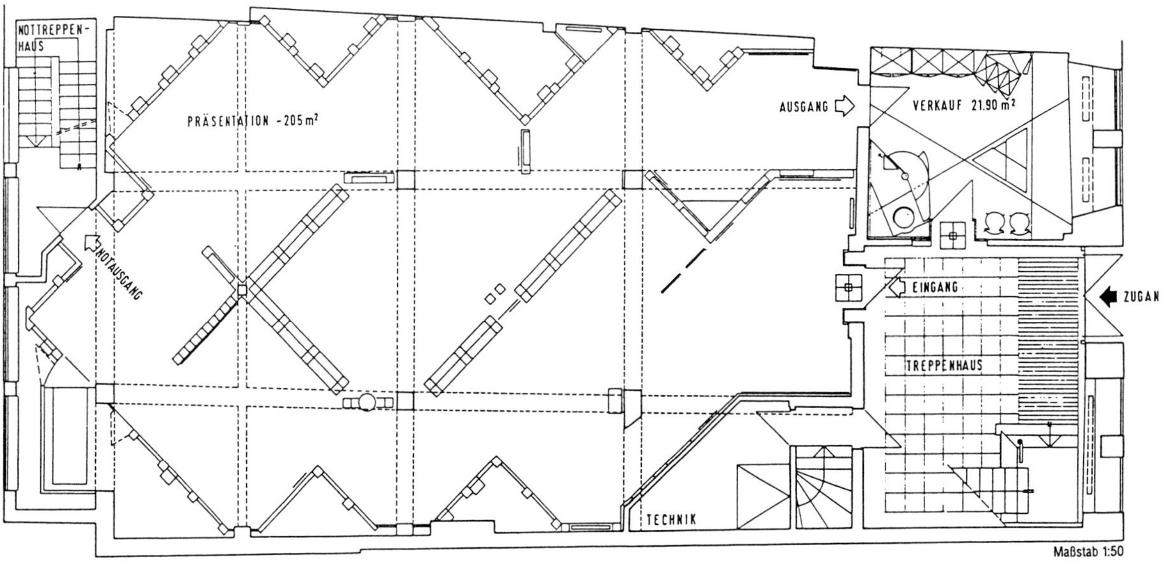

Das Heinrich und Thomas Mann-Zentrum: Grundriß Erdgeschoß

angesehenen Senatorenfamilie war dahin, die Firma und das Buddenbrookhaus wurden verkauft. Die Mutter zog nur ein Jahr nach dem Tod des Vaters (1892) mit den jüngeren Geschwistern nach München.
Berlin, München, Italien heißt der dritte Bereich der Ausstellung. Er umfaßt die Zeit zwischen 1889, als Heinrich Lübeck in Richtung Dresden und Berlin verläßt, bis 1900, als beide Brüder zusammen in Italien leben. Thema sind auch die Jahre Thomas Manns in München, wohin er 1894 der Mutter folgt. Gezeigt werden ebenfalls die ersten literarischen Versuche und die frühen Einflüsse berühmter europäischer Schriftsteller auf die beiden jungen Autoren.
Buddenbrooks ist die vierte Etappe der Ausstellung überschrieben. Der Besucher erfährt vieles über Entstehung, Wirkung und Quellen jenes Romans, der 1901 den Ruhm Thomas Manns begründete. Im Mittelpunkt stehen mehrere Figurensäulen, die den Zusammenhang von Literatur und Leben versinnbildlichen. Die aus Buddenbrooktext geformten Gesichter stellen Menschen aus Lübeck dar, die für Thomas Mann Vorbilder für bestimmte Romanfiguren abgaben.
Die Zeit zwischen 1900 und 1914 im Leben der Brüder wird in der nächsten Abteilung thematisiert, *Beginn des Ruhms und früher Zwist* betitelt. Hier dominieren die Romane und Erzählungen jener Jahre – „Im Schlaraffenland", „Tonio Kröger", „Professor Unrat", „Königliche Hoheit" und „Die kleine Stadt". Aber auch Biographisches kommt zur Sprache, so etwa der beginnende Brüderstreit und der für beide schmerzhafte Selbstmord der Schwester Carla.
Bruderzwist stellt die Jahre des Ersten Weltkrieges dar. Zwischen Kriegsbeginn und der deutschen Revolution von 1918 kulminiert der Streit der Brüder. Sie brechen ihre Beziehungen zueinander ab und versöhnen sich erst 1922 wieder. Neben den zentralen Texten jener Jahre – zu nennen wären die „Betrachtungen eines Unpolitischen" bei Thomas Mann und der „Zola"-Essay sowie „Der Untertan" bei Heinrich Mann –, sind es vor allem die großen Briefe der beiden, die den Streit symbolisch verdichten. Sie finden sich im Zentrum der sechsten Ausstellungsabteilung.
Der siebte Bereich führt den Besucher in eine historisch neue Situation. Er ist überschrieben mit *Die Republik* und zeigt das Wirken der Brüder für die Weimarer Demokratie in den Jahren zwischen 1918 und 1933. Sie tun dies in vielfältiger Weise. Zum einen durch direkte politische Reden und Aufsätze, die in zwei Vitrinen dargestellt werden; aber auch durch die Kunst, die in den Romanen „Der Zauberberg" (Th. Mann) und „Der Kopf" (H. Mann) präsent ist.
Daneben werden weitere wichtige Ereignisse in den zwanziger Jahren gezeigt: Thomas Manns Besuch der Heimatstadt Lübeck anläßlich der Feier zur siebenhundertjährigen Reichsfreiheit, die Verleihung des Nobelpreises an ihn im November 1929, sowie die Verfilmung von Heinrich Manns Roman „Professor Unrat", die ihm unter dem Titel „Der blaue Engel" einen großen Erfolg bescherte. Zu erwähnen ist auch noch die Präsentation der Taufschale aus dem Besitz der Familie Mann, die im „Zauberberg" zu literarischem Ruhm gelangt ist.
Mit der Machtübernahme Hitlers änderte sich auch für die Brüder Mann die Situation radikal. Beide mußten ihre Heimat verlassen und ins Exil gehen. *Exil* ist dann auch der Name der achten Abteilung der Ausstellung, die die Jahre zwischen 1933 und 1945 vor Augen führen will. Es sind die Jahre in der Schweiz, in Frankreich und schließlich in den USA, wo beide in Kalifornien wohnten, nur wenige Autominuten voneinander entfernt. Es sind die Jahre, in denen der Kampf gegen den Faschismus von beiden kompromißlos betrieben wurde, in denen aber auch die Literatur den herausragenden Platz in ihrem Leben behält. Beispiel dafür sind Heinrich Manns großes Werk „Die Jugend und die Vollendung des Königs Henri Quatre" (1935 und 1938) sowie Thomas Manns Romane „Joseph und seine Brüder" (1933 bis 1943) und „Lotte in Weimar" (1939).
Die letzten Jahre ist schließlich der neunte und abschließende Teil der Ausstellung überschrieben. Hier steht wieder das Verhältnis der Brü-

der zueinander und zu ihrer weiteren deutschen und engeren Lübecker Heimat im Mittelpunkt. Gezeigt wird die Einsamkeit Heinrich Manns im Exil, die Abhängigkeit von Thomas Mann, der ihm aber bereitwillig Hilfe zuteil werden ließ. Gezeigt wird ferner die Versöhnung Lübecks mit Thomas Mann, der 1955, wenige Monate vor seinem Tod, zum Ehrenbürger ernannt wurde.

Veranstaltungsbereich

Nach dem Verlassen der Ausstellung können wir durch die links vom Ausstellungseingang befindliche Tür in den Gewölbekeller des Buddenbrookhauses hinabsteigen. Der Keller, der höchstwahrscheinlich aus dem 16. Jahrhundert stammt, beherbergt jetzt einen großen und einen kleinen Veranstaltungsraum, die in Zukunft auf vielfältige Art und Weise genutzt werden sollen. Es ist auch eine Küche vorhanden, so daß auch für das leibliche Wohl gesorgt ist. Daneben sind im Keller noch Archiv- und Lagerräume angesiedelt.
Geht man vom Foyer die Treppe in den ersten Stock hinauf, so kommt man als erstes in den Veranstaltungssaal. Hier ist mit moderner Technik die Möglichkeit für Tagungen, Lesungen, Sonderausstellungen sowie Film- und Videoveranstaltungen geschaffen worden.
Daneben liegt zur Straße hin noch ein etwas kleinerer Raum, der sich ebenfalls verschieden nutzen läßt. Zum einen für kleine Kabinettausstellungen, zum anderen als Arbeitsraum für Gäste.
Die Leitlinien für das Ausstellungs-, Tagungs- und Veranstaltungswesen geben natürlich Heinrich und Thomas Mann ab. Das heißt aber nicht, daß das Buddenbrookhaus als Literaturhaus einseitig auf die beiden Brüder fixiert wäre. Da ist natürlich zum ersten die Familie, die berühmten Kinder. Auch Klaus und Erika Mann etwa sind Schriftsteller, die hier ihre Heimat finden werden.
Wer sich nur ein wenig im Werk der Brüder Mann auskennt, der mag darüber hinaus erahnen, welche Spanne das „und" zwischen den Namen Heinrich und Thomas Mann umfaßt. Natürlich ist im Buddenbrookhaus auch eine Veranstaltung über Kafka, Döblin oder Musil möglich, um nur einige Namen zu nennen. Natürlich wird es Lesungen moderner Autoren geben. Denn es gilt: Aus dem Werke Heinrich und Thomas Manns führen viele Wege in ihre und unsere Zeit und zu anderen Autoren. Deshalb ist es zentrales Anliegen aller Veranstaltungen, nicht nur das Werk der beiden Brüder zu pflegen, dies gehört selbstverständlich zu den vornehmsten Aufgaben des Hauses, sondern Querverbindungen, Wechselwirkun-

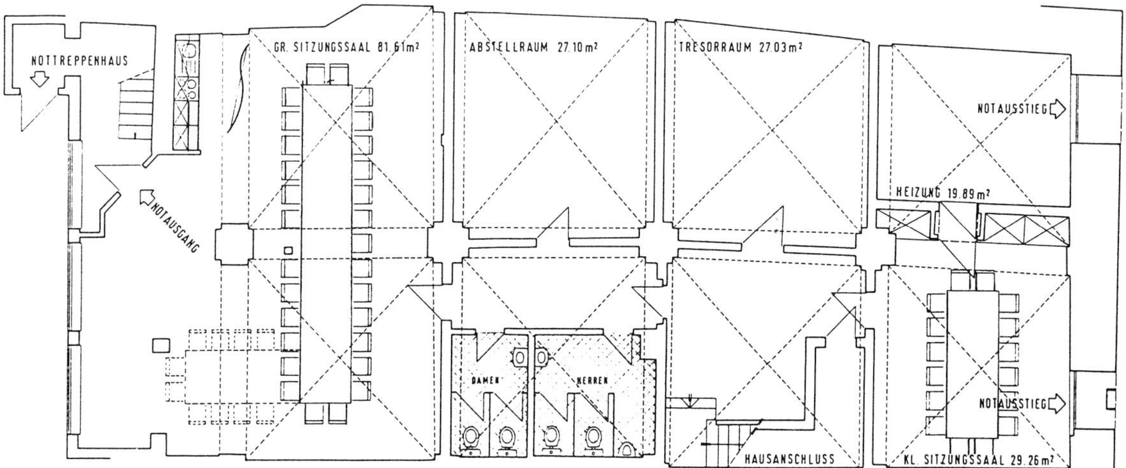

Das Heinrich und Thomas Mann-Zentrum: Grundriß Kellergeschoß

Maßstab 1:50

gen, neue, spannende Einsichten zu ermöglichen.

Forschungsbereich

Auf unserem Weg durch das Haus kommen wir nun zum letzten Bereich. Hinter dem Veranstaltungsraum im ersten Obergeschoß befindet sich die Verwaltung des Heinrich und Thomas Mann-Zentrums. Sie ist für die Öffentlichkeit nur nach Anmeldung zugänglich. Basis der wissenschaftlichen Arbeit, die hier geleistet wird, ist eine Spezialbibliothek zu Heinrich und Thomas Mann. Für Auskünfte steht eine moderne EDV-Anlage zur Verfügung. Wer in Lübeck über Heinrich und Thomas Mann arbeiten will, findet hier Unterstützung. Unter dem Dach des Buddenbrookhauses gibt es darüber hinaus auch eine kleine Wohnung, in der Stipendiaten einige Monate zu einem Thema aus dem Bereich Heinrich und Thomas Mann arbeiten können.

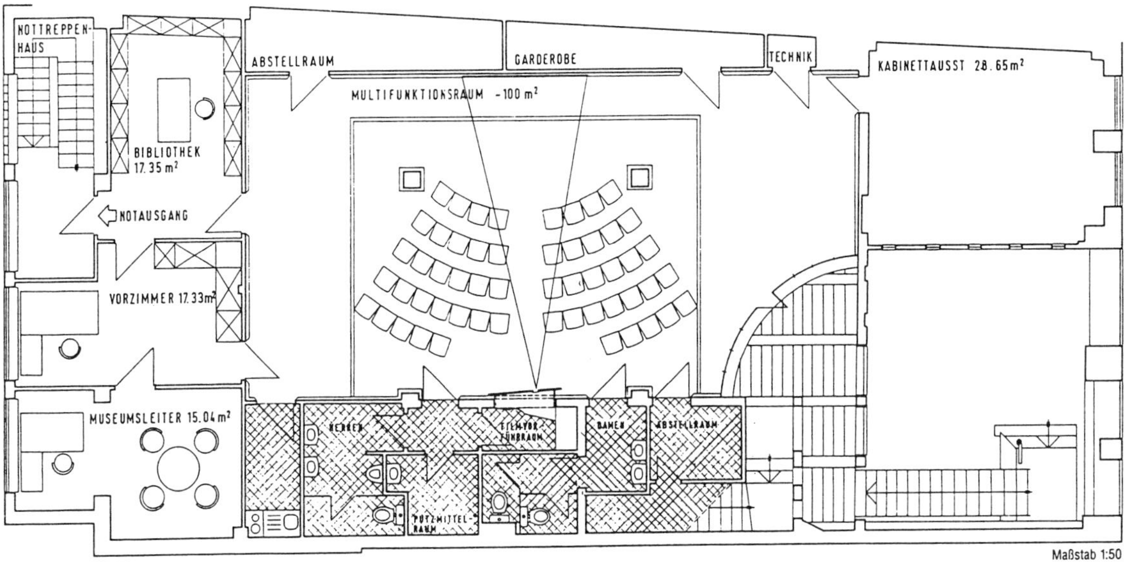

Das Heinrich und Thomas Mann-Zentrum: Grundriß Zwischengeschoß